铁路基础设施检测技术丛书

铁路信号检测技术

丛书编委会　编著

中国铁道出版社有限公司

2025年·北　京

内 容 简 介

本书为“铁路基础设施检测技术丛书”之分册。全书共分3章，主要内容有：铁路信号专业基础知识，包括列控系统的基本概念与组成、主要地面设备与车载设备以及车载信号检测监测技术；铁路信号检测系统，包括系统检测项目及原理、系统架构、软硬件组成以及系统标定方法、常见设备故障及处理方法；铁路信号检测作业的相关方法、流程、检测问题识别和案例分析等。本书内容翔实，深入浅出，实用性强，对铁路信号检测及设备养护维修具有重要意义。

本书适合铁路工程领域信号检测从业人员参考，也可供高等院校、高职院校铁路相关专业师生学习参考。

图书在版编目（CIP）数据

铁路信号检测技术 / 丛书编委会编著. -- 北京 : 中国铁道出版社有限公司, 2025. 5. -- (铁路基础设施检测技术丛书). -- ISBN 978-7-113-31967-0

Ⅰ. U284.91

中国国家版本馆CIP数据核字第2025C27V14号

书　　名：**铁路信号检测技术**
作　　者：丛书编委会

策　　划：刘　霞
责任编辑：刘　霞　　编辑部电话：（010）51873405　　电子邮箱：lovelxia_2008@163.com
封面设计：高博越
责任校对：安海燕
责任印制：赵星辰

出版发行：中国铁道出版社有限公司（100054，北京市西城区右安门西街8号）
网　　址：https://www.tdpress.com
印　　刷：北京联兴盛业印刷股份有限公司
版　　次：2025年5月第1版　2025年5月第1次印刷
开　　本：700 mm×1 000 mm　1/16　印张：10　字数：125千
书　　号：ISBN978-7-113-31967-0
定　　价：108.00元

铁路基础设施检测技术丛书

编委会

序

2024年是中华人民共和国成立75周年，是实现“十四五”规划目标任务的关键一年，也是铁路加快推进“六个现代化体系”建设的重要一年。中国国家铁路集团有限公司党组提出，要以全面深化改革创新为动力，以加快构建“六个现代化体系”为载体，奋力推动铁路高质量发展、率先实现铁路现代化取得新成效，勇当服务和支撑中国式现代化的“火车头”，为以中国式现代化全面推进强国建设、民族复兴伟业贡献铁路力量。贯彻落实加快构建“六个现代化体系”，对铁路基础设施检测保障运营安全的能力提出了更高要求。

随着“八纵八横”高铁网逐步建成，高速铁路运营大修改造窗口期即将到来，“开展时速350公里线路等速检测，拓展普铁周期性综合检测范围，加大跨局检测组织力度，将高温、高寒时段加密检测纳入年度计划，提高动态检测覆盖率、均衡度”已成为加快构建现代化养护维修体系的有效举措之一。

到2035年我国铁路网规模将达20万公里左右，其中高铁7万公里，如何保障大规模路网的安全运营和科学经济的养护维修，也成为未来关注的重点。用机器替代人工，动态替代静态，智能替代经验，精准状态评价替代服役年限评价，是铁路基础设施检测工作未来发展的趋势。

目前我国已成功研制并应用高速综合检测列车、综合巡检车、专业检查车和运营列车在线检测等多种基础设施检测移动装备，为我国铁路运营前联动测试安全评估和运营后日常动态检测养护维修提供了重要手段。

“铁路基础设施检测技术”丛书涵盖铁路基础设施动态检测多个专业，深入浅出，内容翔实，有助于相关人员从多个维度、多个视角系统深入理解动态检测的技术要点，对确保高速列车运行的平稳安全和高速铁路养护维修的长远发展意义重大，社会效益显著。

2024年10月

前　言

列车运行控制系统（以下简称“列控系统”）是保证列车行车安全、提高运输效率的铁路设备，是铁路的关键技术装备之一，由地面设备和车载设备组成。信号检测是全面掌握列控系统地面设备状态、指导设备维修和保障行车安全的重要手段。本书系统介绍了铁路信号检测的基本知识和技术方法，针对广大铁路信号检测从业人员而编著，兼顾高速综合检测列车和电务检测车的信号检测设备。

本书共分3章。第1章介绍了信号专业基础知识，包括列控系统的基本概念与组成、主要地面设备与车载设备以及车载信号检测监测技术。第2章介绍了信号检测系统，包括系统检测项目及原理、系统架构、软硬件组成以及系统标定方法、常见设备故障及处理方法。第3章介绍了信号检测作业的相关方法、流程、检测问题识别和案例分析。

本书由“铁路基础设施检测技术丛书”编委会编著。本书各章编著人员如下：许庆阳、罗依梦（第1章），韩东良、邹帆（第2章），刘晓亮、乔乾（第3章）。参与编著的人员还有孟景辉、杨爱红、杨吉、谢保锋等。

由于编著者水平有限，书中难免错漏之处，恳请读者批评指正。

编著者

2024年6月

目　录

第 1 章　信号与列控

第 2 章 信号检测系统

第3章 信号检测作业

第1章 信号与列控

1.1 列车运行控制

铁路运输是以机车、车辆为移动设备（简称列车），以线路（轨道、桥梁、隧道等）为固定设备，站场（车站、编组场等）为运输生产基地，实现旅客和货物运输的庞大系统。为使铁路运输系统高效运营，应采取相应的技术尽可能晚地给列车分配资源、尽可能快地释放资源。因此，需要一套行车指挥和控制系统，安全可靠地按运行计划指挥列车运行。行车指挥和控制系统的主要技术装备称为铁道信号系统，简称铁道信号。

计算机、通信、自动化技术等先进技术的广泛应用，以及列车速度和密度的不断提高对铁道信号提出了更高要求，铁道信号已发展为包含调度集中、联锁设备（计算机联锁）、列车运行控制系统等的先进自动化控制系统，可保证列车安全、高速、高密度运行，改善铁路职工劳动条件，成为铁路运输系统的大脑和神经中枢。

列车运行控制系统（简称列控系统）是控制列车运行速度、保证列车安全和高效运行的控制系统，是铁路信号系统的重要组成部分。列控系统包括车载设备和地面设备。车载设备包括机车信号、列车运行监控记录装置（LKJ）和列车超速防护系统（ATP）等。地面设备包括轨道电路、应答器、车站列控中心等。

列控系统根据前方行车条件，包括进路状态、轨道占用情况、线路状况以及调度命令等，为每列车产生行车许可，并通过地面信号和车载信号的方式向列车提供安全运行凭证。车载设备根据接收到的行车许可产生允许速度，当列车速度超过允许速度时控制列车实施制动，使列车降速乃至停车，防止列车超速颠覆或与前方列车追尾等事故，保证行车安全。

1.1.1 中国列控系统分级

2002年，铁道部确定构建中国列车运行控制系统（Chinese train control system，CTCS），按系统构成和功能将CTCS系统划分为CTCS-0级、CTCS-1级、CTCS-2级、CTCS-3级和CTCS-4级。为规范一致，将当前干线铁路应用的既有地面信号设备和车载设备定义为CTCS-0级，CTCS-0级由通用机车信号和列车运行监控装置组成。

1. CTCS-1级

CTCS-1级列控系统由主体机车信号和安全型运行监控记录装置组成，面向160 km/h及以下区段，在既有设备基础上强化改造，达到机车信号主体化要求，增加点式设备，实现列车运行安全监控功能。利用轨道电路完成列车占用检测及完整性检查，连续向列车传送控制信息。CTCS-1级是对CTCS-0级的全面加强，提高了系统的安全性。

2. CTCS-2级

CTCS-2级列控系统是基于轨道电路和点式信息设备的点-连式列车运行控制系统，其中，轨道电路负责列车占用检测及完整性检查，连续向列车传送前方轨道空闲数量；点式信息设备传输位置校正信息、进路参数、线路参数、临时限速等。CTCS-2级面向提速干线和高速铁路，地面可不设通过信号机。

3. CTCS-3级

CTCS-3级列控系统是基于通信的列车运行控制系统。它以CTCS-2级列控信息传输系统为基础，采用轨道电路检查列车占用，点式信息传输设备用于测距修正，以无线通信系统（如GSM-R）实现车-地连续、双向信息传输。行车许可由地面无线闭塞中心（RBC）产生，通过无线通信系统传送到车载设备，并实时计算目标距离模式曲线监控列车运行速度。通过双向信息传输，CTCS-3级实现了地面控制设备与移动体车载设备的闭环控制。CTCS-3级列控系统主要面向高速铁路，地面不设通过信号机。

4. CTCS-4级

CTCS-4级列控系统是基于无线通信（如GSM-R）且实现移动闭塞的列车运行控制系统。由车载设备通过车-地间无线通信实时将列车位置及完整性信息等传送至RBC。行车许可由RBC产生，通过无线通信系统传送至车载设备，实时计算目标距离模式曲线监控列车运行速度。CTCS-4级列控系统地面可取消轨道电路，由RBC和车载验证系统共同完成列车定位和完整性检查，实现虚拟闭塞或移动闭塞。

CTCS各级系统的车载设备应向下兼容，在系统故障条件下应允许降级使用。级间转换应自动完成，且级间转换应不影响列车正常运行。符合CTCS规范的列车运行控制系统应满足一套车载设备全程控制的运用要求。

1.1.2 CTCS-2级列控系统

CTCS-2级列控系统依托点式应答器报文信息和轨道电路码序信息传输安全行车所需的信息，采用目标距离模式监控列车运行安全，系统组成如图1-1所示，其核心设备主要包括车站列控中心（TCC）、车载安全计算机

（VC）、轨旁电子单元（LEU）、应答器、轨道电路等。

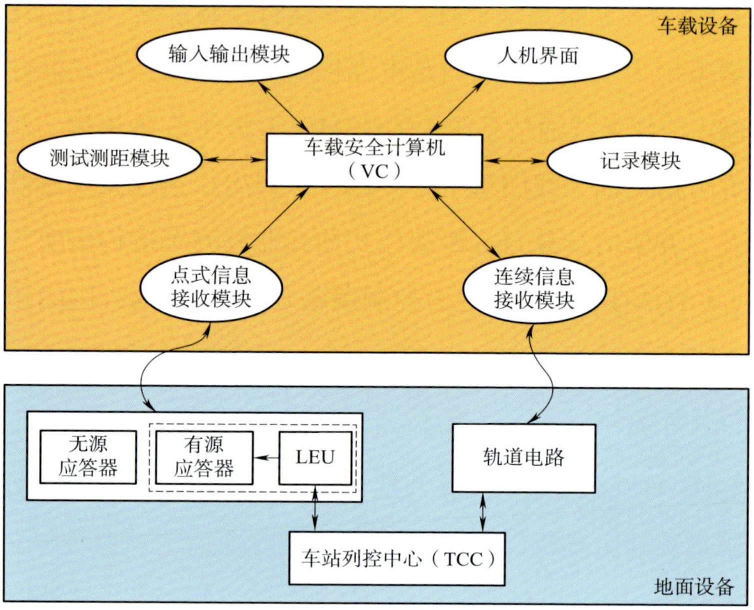

图 1-1　CTCS-2 级列控系统组成

轨道电路按自动闭塞、站内电码化，完成列车占用检测，并向车载设备发送列车前方空闲闭塞分区数量信息及进站道岔侧向位置进路信息。在既有线CTCS-2级列控系统中，列控中心主要根据进路状态、线路参数、临时限速命令等产生进路及临时限速等信息，通过LEU传送给有源应答器，进而传送给列车。应用于高速铁路CTCS-2级列控系统的列控中心，除上述功能外还负责区间信号机控制、自动闭塞系统轨道电路编码和占用等安全信息传输工作。客运专线应答器设于各车站进站信号机、出站信号机、区间闭塞分区入口以及电分相区前方、列控系统级间切换点前方、大型桥隧前方等特殊地点，向列控车载设备传输定位信息、线路参数、临时限速等信息。车载计算机综合轨道电路和应答器提供的信息及动车组参数自动生成连续速度控制模式曲线，实时监控列车安全运行。

1.1.3　CTCS-3级列控系统

CTCS-3级列控系统是基于无线传输信息并采用轨道电路检查列车占用的列车运行控制系统，通过GSM-R无线通信网络，实现信息的连续传输，实时性更强。CTCS-3级列控系统组成如图1-2所示，由地面设备和车载设备组成，地面设备包括无线闭塞中心（RBC）、车站列控中心（TCC）、轨道电路、应答器（含LEU）等；车载设备包括车载安全计算机（VC）、GSM-R无线通信单元（RTU）、轨道电路信息读取器（TCR）、应答器信息接收模块（BTM）、记录单元（JRU/DRU）、人机界面（DMI）、列车接口单元（TIU）、测速测距模块等。

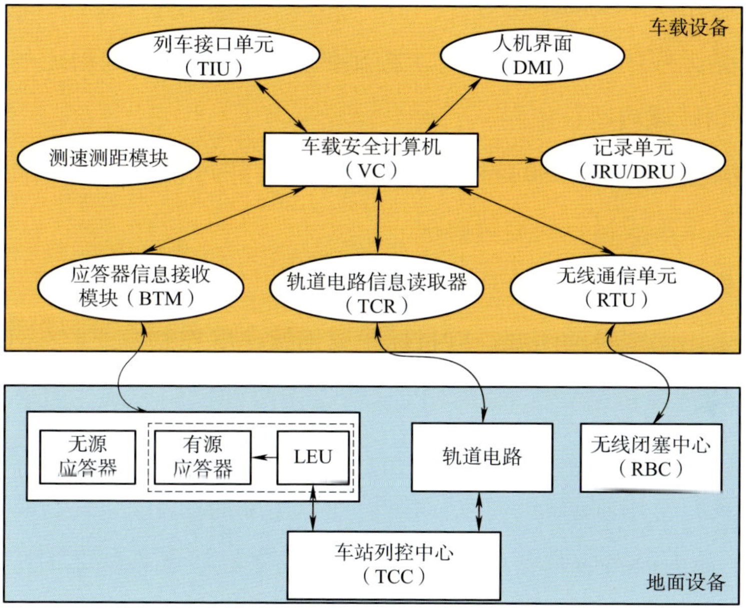

图 1-2　CTCS-3 级列控系统组成

RBC根据轨道电路、联锁进路等信息生成行车许可，通过GSM-R无线通信系统将行车许可、线路参数、临时限速传输给CTCS-3级车载设备；同时，通过GSM-R无线通信系统接收车载设备发送的位置和列车数据等信息。TCC接收轨道电路的信息，通过联锁系统传送给RBC；TCC具有轨道电路编码、应答器报文存储和调用、站间安全信息传输、临时限速功能，满足后备系统需要。应答器向车载设备传输定位和等级转换等信息，向车载设备传送线路参数和临时限速等信息，满足后备系统需要。应答器传输的信息与无线传输的信息的相关内容含义保持一致。车载安全计算机根据地面设备提供的行车许可、线路参数、临时限速等信息和动车组参数，按照目标距离连续速度控制模式生成动态速度曲线，监控列车安全运行。

CTCS-3级列控系统主要具备以下基本功能：

（1）向司机提供安全驾驶列车的必要信息。

（2）监控列车及调车运行。

（3）受无线闭塞中心（RBC）控制的列车，只有得到RBC的授权才能在RBC 控制区域内运行。

（4）满足运营速度350 km/h及以上、最小追踪间隔3 min的要求。

（5）满足跨线运行的运营要求。

（6）具有轨道占用检查功能。

（7）采用固定自动闭塞，以目标距离连续速度控制模式监控列车运行。

（8）具有设备制动优先和司机制动优先两种控制方式，且一般采用设备制动优先控制方式。

（9）具有常用制动和紧急制动监控列车速度的功能。

（10）地面设备应具备设置临时限速并向车载设备发送临时限速信息的功能。

（11）具备CTCS-2级功能。

1.2 列控地面设备

不同类型的列车运行控制系统中地面设备不同，总体而言，主要包括轨道电路、应答器、RBC、列控中心等。

1.2.1 轨道电路

1.2.1.1 轨道电路基本原理

轨道电路是以铁路线路的两根钢轨为导体，两端加以电气绝缘或电气分割，并接上发送设备和接收设备构成的电路。以电气化区段有绝缘轨道电路为例，其工作原理如图1-3所示。作为CTCS-0～CTCS-3级列控系统都必不可少的地面设备，其主要有两大基本功能：

（1）通过轨道电路工作状态实现列车占用检查。

（2）利用电磁感应原理实现与车载设备之间的单向信息传输，即将地面信号发送至机车上。

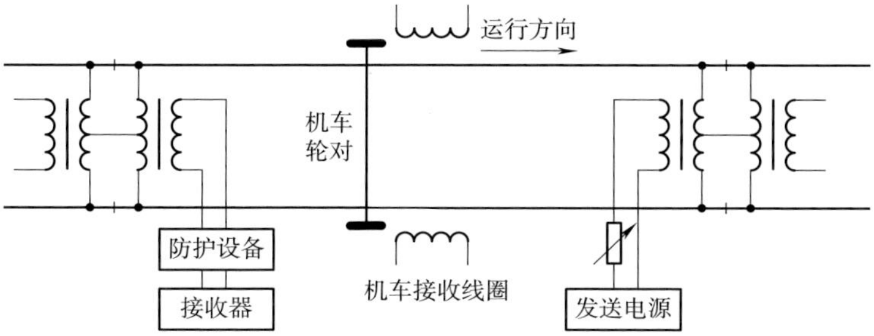

图 1-3 轨道电路原理

轨道电路工作状态主要包括调整状态、分路状态和断轨状态三种。

1. 调整状态

如图1-4所示，当轨道电路处于空闲状态，并且线路自身完好，发送设备和接收设备正常工作时，则发送设备发出的信号电流经一根钢轨流向接收设备，再经由接收设备沿另一根钢轨流回发送设备，此时由于没有列车占用，轨道电路的接收设备能够接收到发送设备所发出的足够强度的信号电流，并根据信号特征，显示本轨道电路“空闲”。

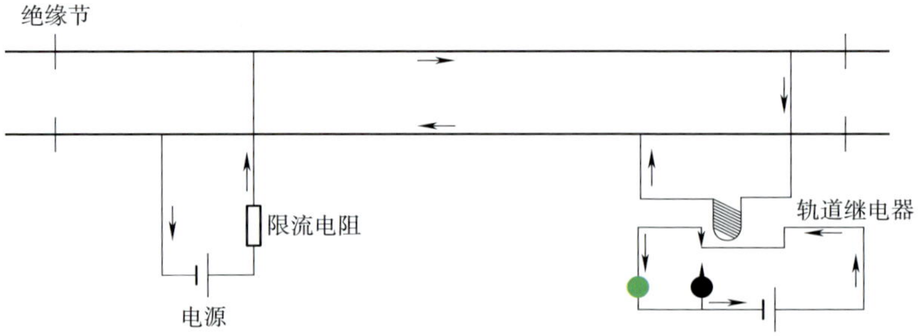

图 1-4　轨道电路调整状态

2. 分路状态

如图1-5所示，在轨道电路设备正常工作条件下，列车驶入使轨道电路被列车轮对分路，由于列车的分路电阻小于接收设备的输入阻抗，使得流入接收设备的信号电流明显下降而小于接收设备的信号分析门限，进而使接收设备控制相应的防护设备显示轨道电路“占用”，对驶入本轨道电路的列车起到防护作用。

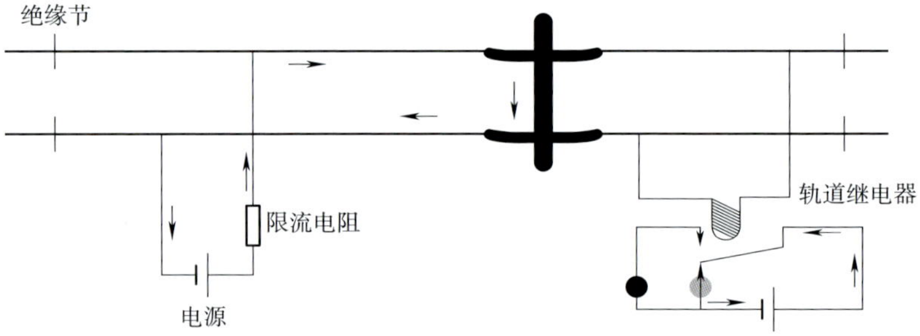

图 1-5　轨道电路分路状态

列车分路轨道电路所形成的短路电阻称为列车分路电阻。当轨道电路被列车或其他导体分路，恰好使轨道电路接收设备能反映轨道电路占用状态的分路电阻称为轨道电路的分路灵敏度。

轨道电路各点的分路灵敏度不同，我国铁路标准分路灵敏度为0.06 Ω，即任何轨道电路在分路状态最不利条件下用0.06 Ω的电阻在轨道电路任意点分路时，轨道电路接收设备都应能反映轨道占用状态，否则就不能保证分路状态的可靠工作。

3. 断轨状态

轨道电路断轨状态主要有两种情况。一种是由于列车在钢轨上行驶的冲击力使钢轨折断，此时，轨道电路在钢轨折断前已经被列车轮对分路，显示轨道电路“占用”信息。因此，列车出清轨道区段后，由于断轨而使得流入接收设备的信号电流明显下降而小于接收设备的信号分析门限，轨道电路不能转换为调整状态，接收设备仍然控制相应的防护设备显示轨道电路“占用”信息，进而可以反映出轨道电路的断轨故障情况。另一种情况是轨道电路在空闲时，因工务施工或自然灾害使钢轨折断，使得流入接收设备的信号电流明显下降而小于接收设备的信号分析门限，防护设备显示轨道电路“占用”信息，禁止列车驶入本轨道电路，保证列车运行安全，如图1-6所示。

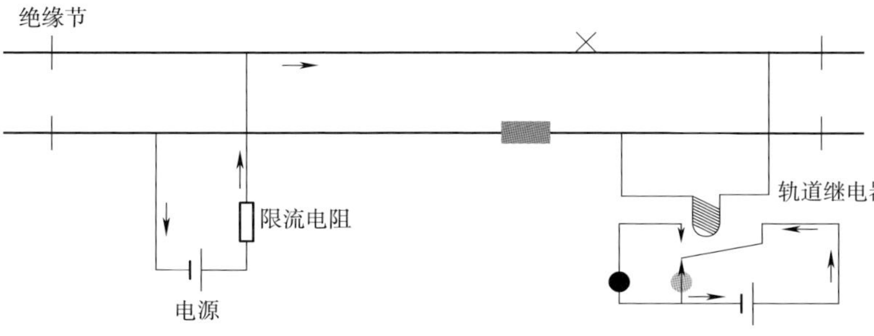

图 1-6 轨道电路断轨状态

显然，轨道电路状态可以归纳为空闲（即调整状态）、占用（包含分路状态和断轨状态），也正是利用轨道电路这一特性实现连续的列车占用检查功能。

我国现有的轨道电路按相邻轨道电路的绝缘方式可分为有绝缘轨道电路和无绝缘轨道电路两种。这两种轨道电路在功能上基本相同，只是由于分隔方式不同，使其在性能上存在差异。对有绝缘轨道电路而言，其是通过将钢轨进行物理分离后再加入绝缘材料形成相应的机械绝缘节来实现相邻轨道电路分隔的。无绝缘轨道电路无须对钢轨进行物理隔离，是利用电气绝缘节（俗称调谐区）对本轨道电路信号所产生的谐振特性达到有绝缘轨道电路机械绝缘节的效果，以避免相邻轨道电路间信号的越区传输。

与有绝缘轨道电路相比，无绝缘轨道电路明显的优势在于无须分隔钢轨，能满足无缝长钢轨的运用要求，易于实现牵引电流的回流，并可减少列车运行过程中，尤其是在高速运行过程中车轮与钢轨间的冲击和噪声，大幅提高旅客乘车舒适度。因此，无绝缘轨道电路广泛应用于我国提速干线、高铁线路以及既有线改造，其中运用最广泛的就是ZPW-2000A无绝缘轨道电路。

1.2.1.2　ZPW-2000A型无绝缘轨道电路

ZPW-2000系列无绝缘轨道电路由发送器、传输电缆、匹配变压器、钢轨、调谐单元、空芯线圈、补偿电容、接收器等构成，如图1-7（a）所示。其中，电气绝缘节是轨道电路中用来实现相邻轨道电路间的电气分隔的部件，由两个调谐单元、一个空芯线圈及29 m长的钢轨组成，两个调谐单元分设在29 m长钢轨的两端，对于较低频率轨道电路（1 700 Hz、2 000 Hz）端，设置L_1、C_1两元件的F_1型调谐单元，对于较高频率轨道电路（2 300 Hz、2 600 Hz）端，设置L_2、C_2、C_3三元件的F_2型调谐单元，如图1-7（b）所示。为便于统一表达，令本轨道电路调谐单元为TU1，同一绝缘节邻轨道电路调谐单元为TU2。图1-7中，l_c表示补偿电容的安装间距，C表示补偿电容容值，Z_r表示补偿电容连接电缆阻抗以及电缆与钢轨间的接触阻抗之和，Z_{TU1}、Z_{TU2}和Z_{SVA}分别表示谐振单元TU1、TU2和空芯线圈SVA的等效阻抗，Z_{ca}表示TU1、TU2、SVA的连接电缆阻抗以及电缆与钢轨间的接触阻抗之和，M_i表示信号集中监测系统对轨道电路的监测参量。轨道电路工作时，由发送器产生的信号经由发送端设备传输至发送端轨面，然后分别向主轨道电路方向和小轨道电路方向传输，主轨道电路接收器处理来自主轨道电路的信号，小轨道电路信号由运行前方相邻轨道电路接收器处理，并将处理结果形成小轨道电路继电器执行条件送至本轨道电路接收器，作为轨道继电器励磁的必要检查条件之一。

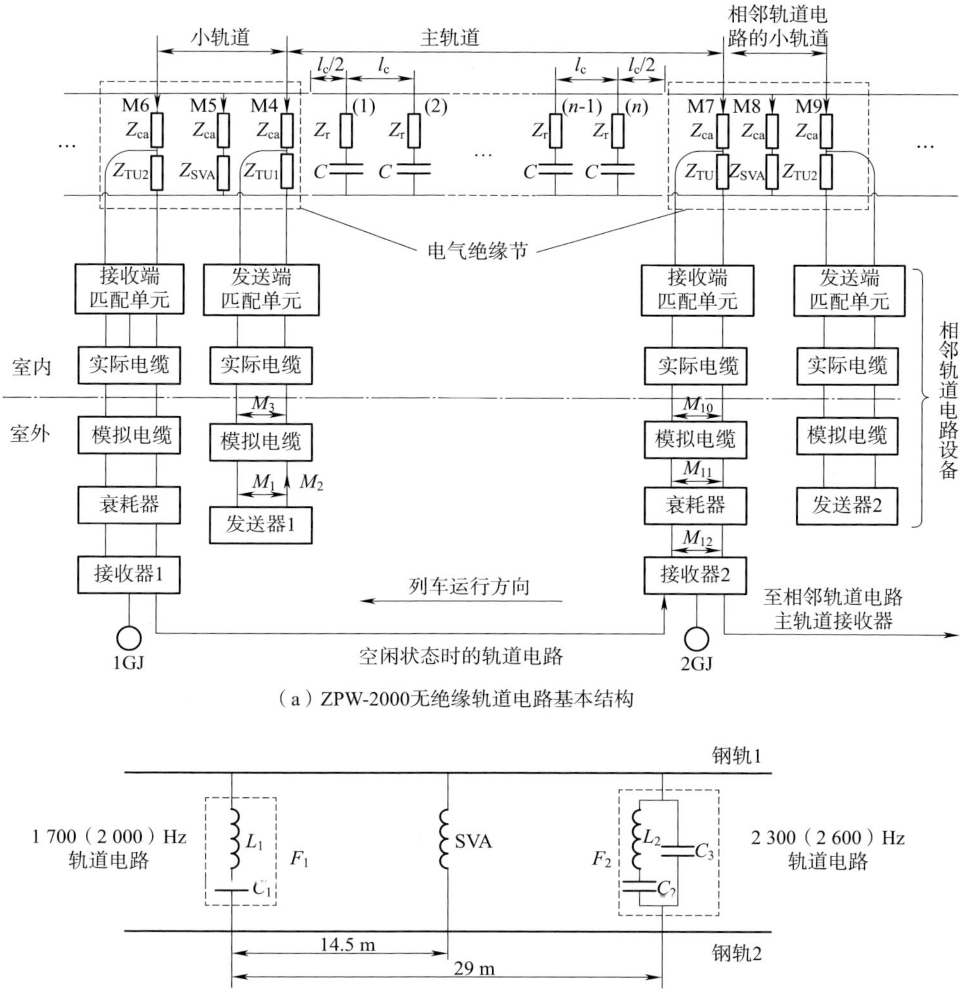

（a）ZPW-2000无绝缘轨道电路基本结构

（b）电气绝缘节基本结构

图 1-7　ZPW-2000 无绝缘轨道电路系统构成

该系列轨道电路是我国在保留法国UM71轨道电路优点的基础上，经过重大技术改进和创新，研发出的一种能够克服UM71传输安全性和传输长度问题的轨道电路。该轨道电路在调谐原理、频偏、低频频率等方面与UM71相同，适用于电气化区段、非电气化区段及站内轨道电路区段，也可用于设有机械绝缘节的轨道电路区段。

由于钢轨电感对信号传输衰耗很大，在钢轨线路上每隔一段距离并接补偿电容，保证轨道电路的传输距离，使钢轨中有足够强的移频信号电流，从而提高信干比，保证机车信号设备的可靠工作。在轨道电路补偿长度范围内，补偿电容等间距（长度为l_c）设置。轨道电路两端的补偿电容按半步长（$l_c/2$）设置，中间的补偿电容按全步长设置，如图1-8所示。TB/T 3206—2017《ZPW-2000轨道电路技术条件》规定，补偿电容沿钢轨线路等间距敷设，补偿电容间距不宜小于50 m。在设计过程中，根据设计经验，当区间或站内道岔轨道电路区段长度超过300 m时需设置补偿电容，一般配置25 μF。同时，1 700 Hz、2 000 Hz轨道区段补偿电容理论间距为60 m，2 300 Hz、2 600 Hz轨道区段补偿电容理论间距为80 m。

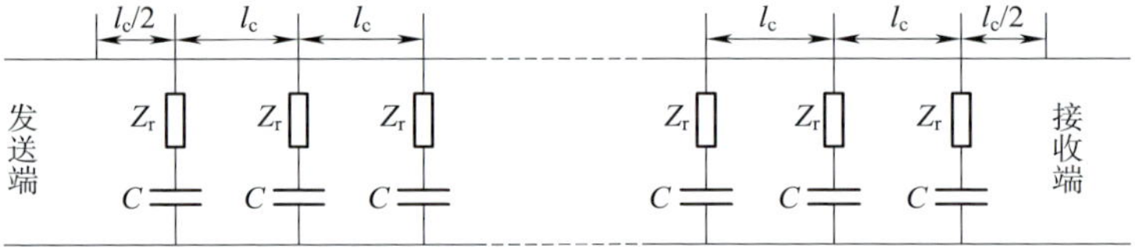

图 1-8　ZPW-2000A 轨道电路补偿电容的设置

ZPW-2000A型无绝缘轨道电路系统功能主要包括设备状态检查、列车占用状态检查以及地-车信息传输等。其中，地-车信息传输是指在分路状态下，地面轨道电路向车载机车信号传递的信息。对安装在机车上的机车信号设备来说，通过轨道电路信息读取器（TCR）以电磁感应的方式将其下方的轨道电路信号电流转换为相应的机车信号感应电压信号并输入到机车信号主机。机车信号主机对机车信号感应电压信号进行相应的解调和译码，以提取信号中的行车控制信息，并根据该信息内容控制机车信号机向司机提供相应的信号显示。在此状态下，为保证机车信号和轨道电路的正常工作，要求相应的短路电流要满足机车信号接收灵敏度的要求。

无绝缘轨道电路信号$u_{fs}(t)$由发送器产生，属于相位连续的FSK信号，故其相应的数学表达式为

$$u_{fs}(t)=A_{fs}\cos[2\pi f_c t+2\pi\Delta f_p\int s_m(t)\,dt+\varphi_0] \quad (1-1)$$

式中 A_{fs}——信号振幅；

f_c——信号的载频频率；

Δf_p——信号的频偏频率；

φ_0——信号的初始相位，为调制信号；

$s_m(t)$——占空比为1∶1的方波信号构成。

ZPW-2000A型无绝缘轨道电路信号的调制低频参数作为特征信息，共包含18个，分别代表着不同的信息含义，见表1-1。

表 1-1 低频频率对应信息

频率 /Hz	信息码	信息定义	说　明
10.3	L3	准许列车按规定速度运行，表示运行前方5个闭塞分区空闲	列车运行速度＞200 km/h自动闭塞区段列车自动防护系统所用
11.4	L	准许列车按规定速度运行，表示运行前方3个闭塞分区空闲	
12.5	L2	准许列车按规定速度运行，表示运行前方4个闭塞分区空闲	列车运行速度≤200 km/h自动闭塞区段列车自动防护系统所用
13.6	LU	准许列车按规定速度注意运行，表示运行前方2个闭塞分区空闲	
14.7	U2	要求列车注意运行，预告次一架地面信号机显示两个黄色灯光	
15.8	LU2	要求列车减速到规定的速度等级越过接近的地面信号机，并预告次一架地面信号机显示一个黄灯	列车运行速度≤160 km/h，列车制动到停车需3个闭塞分区
16.9	U	要求列车减速到规定的速度等级越过接近的地面信号机，并预告次一架地面信号机显示一个红灯	
18	UU	要求列车限速运行，表示列车接近的地面信号机开放经道岔侧向位置进路	

续表

频率/Hz	信息码	信息定义	说　明
19.1	UUS	要求列车限速运行，表示列车接近的地面信号机开放经18号及以上道岔侧向位置进路，且次一架信号机开放经道岔的直向或18号及以上道岔侧向位置进路；或表示列车接近设有分歧道岔线路所的地面信号机开放经18号及以上道岔侧向位置进路	
20.2	U2S	要求列车注意运行，预告次一架地面信号机显示一个黄色闪光和一个黄色灯光	
21.3	L5	准许列车按规定速度运行，表示运行前方7个及以上闭塞分区空闲	200 km/h动车组在客运专线上运行所需
22.4	L6	准许列车按规定速度运行、表示运行前方8个及以上闭塞分区空闲	预留
23.5	L4	准许列车按规定速度运行，表示列车运行前方6个闭塞分区空闲	200 km/h动车组在客运专线上运行所需
24.6	HB	表示列车接近的进站或接车进路信号机开放引导信号或通过信号机显示容许信号	
25.7	载频切换		载频切换，用于站内闭环电码化
26.8	HU	要求及时采取停车措施	
27.9	占用检查		反向站间闭塞及站内闭环电码化检测用
29	H	要求列车采取紧急停车措施	仅适用于双红灯防护的自动闭塞段

1.2.1.3　轨道电路部件故障对车载接收信号的影响分析

轨道电路使用钢轨线路这种特殊的传输通道，铁路线路、沿线气候、运营条件、电力牵引电流干扰乃至列车速度的变化和差异都对系统有很大影响。我国高速线路存在无砟道床、有砟道床两种，无砟道床又有多种形式；高速铁路的运营模式也不同于既有线，动车组过牵引供电的分相点时需要断电惰行，轨面容易锈蚀，进一步恶化了轨道电路的应用环境。既有货运线路上油污、粉尘、化学腐蚀等原因也可能引起轨道电路的分路不良。例如，海南东环线轨道电路分路不良故障较多，尽管采用提高发送电平、降低接收电平的方法来改善分路效果，但在2011年底，海南东环线残压超标区段达11.7%，分路不良时间达6.7%。两根钢轨内牵引回流的不平衡，钢轨对地的漏泄电流和附近交流接触网的感应电流，都对轨道电路产生影响。

从轨道电路-机车信号的工作原理上分析，列车占用轨道电路区段时的分路电流信号以及由机车信号感应器接收到的感应电压信号中包含丰富的故障特征信息，基于对这些信号的处理可以实现系统关键设备或者器件的故障诊断。

1. 正常的轨道电路分路电流信号包络曲线

轨道电路被列车占用时，正常情况下的轨道电路分路电流信号包络曲线如图1-9所示。采用经验模式分解算法对其进行分解，可得到该曲线的波动分量与趋势分量，并得出分路电流信号具有以下特性。

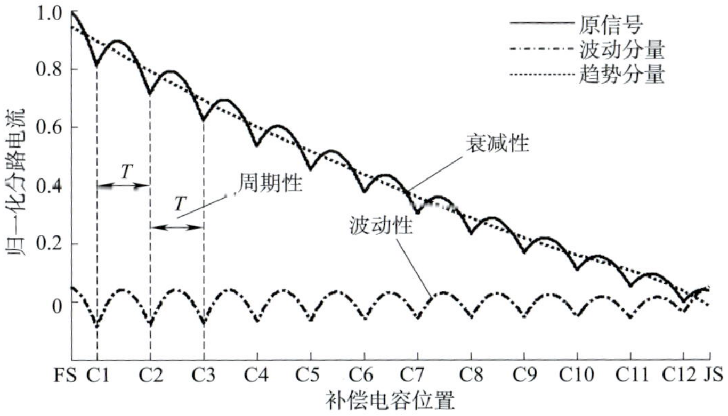

图 1-9 分路电流信号包络曲线

（1）衰减性

分路电流信号的幅值从发送端到接收端总体呈现出衰减趋势，这是由钢轨线路本身的特性决定的。

（2）波动性

分路电流信号由若干个相似的“拱形”组成，呈现出有规律的波动特性。“拱形”的出现是由于补偿电容的“补偿”作用带来的。

（3）周期性

分路电流曲线“拱形”是周期性出现的，每个“拱形”的周期为补偿电容的安装间距，且其极小值点都对应于相应补偿电容的位置。

2. 轮对分路电阻的影响

钢轨的轨面容易锈蚀易使轮对分路电阻升高，这是导致轨道电路分路不良出现的重要原因。图1-10给出了分路电阻升高时分路电流信号包络曲线的变化情况，图1-10模拟分路电阻在补偿电容C5～C9区间内变化时的分路电流信号曲线，其中，$R_f \in [0.15, 1]\Omega$。

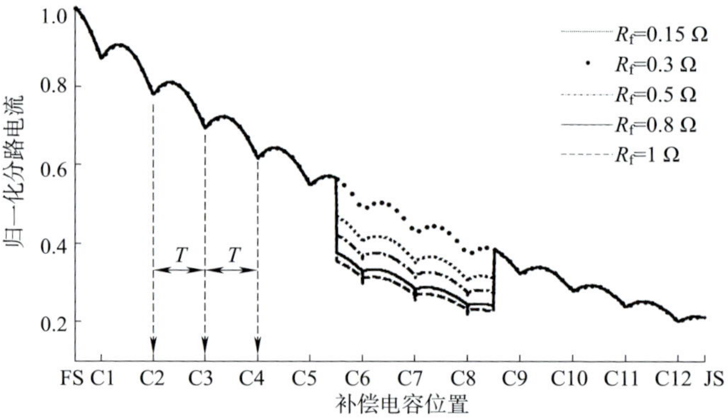

图 1-10　分路电阻的变化对分路电流包络曲线影响

3. 道床电阻的影响

道床电阻作为轨道电路的一次参数，变化特性十分复杂，图1-11所示为不同道床电阻条件下分路电流信号曲线的变化趋势。由图1-11可以看出，道床电阻对分路电流信号曲线的影响具有以下规律。

（1）衰减加速性

分路电流曲线的整体衰减速率随着道床电阻值的减小而增大。若以一条直线对该曲线进行拟合，则可推断该直线斜率的绝对数值与道床电阻值反相关。同时可以看到当道床电阻过小时，分路电流值的快速下降有可能导致机车信号接收线圈无法正常接收该信号。

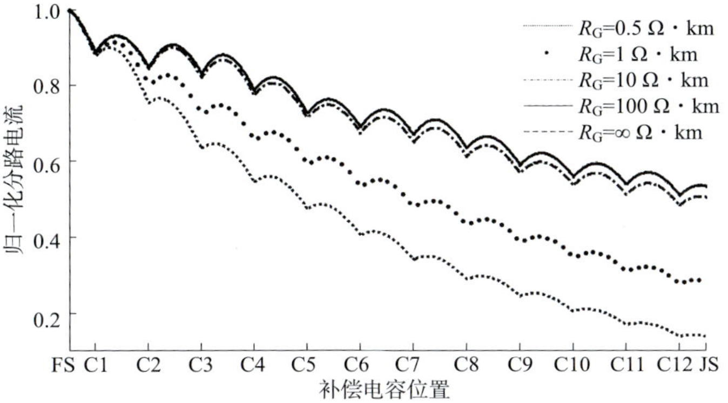

图 1-11 道床电阻变化对分路电流信号包络曲线影响

（2）波动周期不变性

道床电阻的变化对分路电流信号曲线的波动周期没有影响，但对波动幅值有影响，道床电阻越低，波动幅值越低，反之越高。

图1-12比较了分路电阻升高和道床电阻降低对分路电流曲线的影响差异，以直线分别对分路电流曲线进行拟合。由图1-12可以看出，分路电阻的波动主要影响直线的截距，对斜率影响不大，而道床电阻的变化主要影响的是斜率，对截距影响较小。图1-12中，假设分路电阻在整个轨道电路区段发生同样的变化。两者对轨出电压信号的影响差异在于，分路电阻波动的影响范围仅限于其值发生变化的相应区段，而道床电阻变化的影响范围则是整个轨道电路区段。

4. 补偿电容故障的影响

图1-13所示为补偿电容故障情况下的分路电流信号曲线，图1-14所示为正常情况下的信号与故障情况下信号的差值曲线。由图1-13和图1-14可以看出，补偿电容故障对分路电流信号曲线的影响呈现出以下特性：

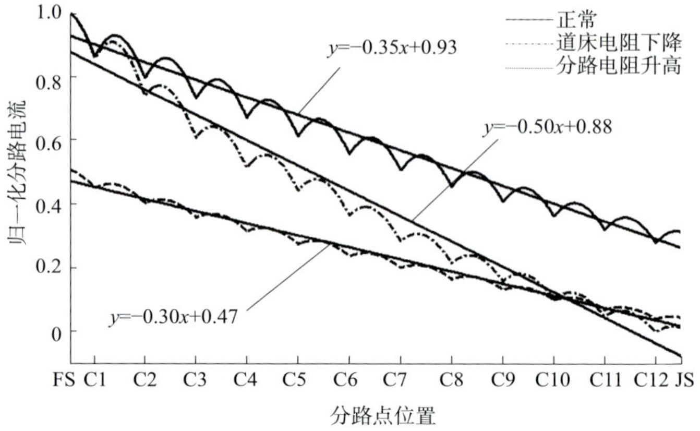

图 1-12　道床电阻波动与分路电阻变化对分流电流信号包络曲线影响

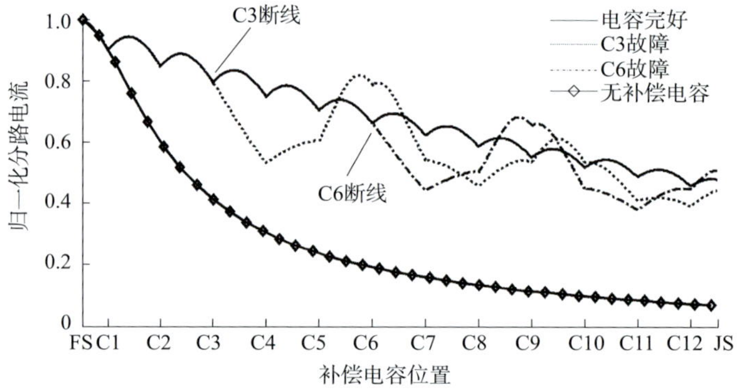

图 1-13　补偿电容故障对分路电流信号包络曲线影响

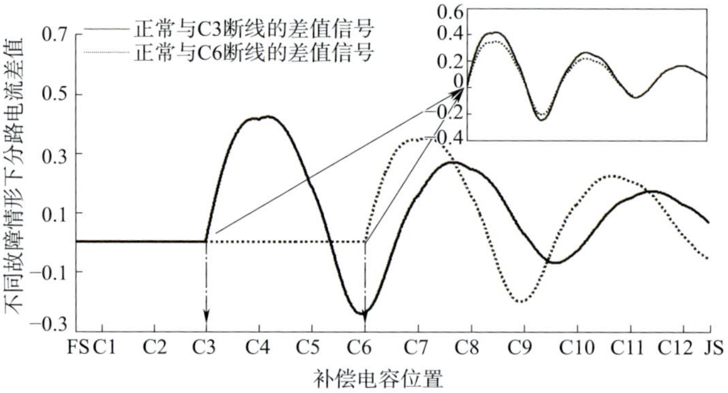

图 1-14　不同补偿电容故障间影响分析

（1）故障影响的单向传播性

发生故障的补偿电容只对其下游（C3或C6以后部分）信号产生影响，对上游部分没有影响，即其故障影响是单向传播的。

（2）故障影响相似性

每个故障的补偿电容对信号曲线的影响主要表现为使邻近“拱形”消失，加速其下游信号的衰减，在曲线的表现上具有相似的特征，其变化趋势与无补偿电容时的曲线类似。

5. 电气绝缘节各部件故障的影响

图1-15所示为发端电气绝缘节各部件出现不同严重程度连接故障时分路电流信号曲线的变化趋势，图1-16为TU1、TU2、SVA同等故障严重情形下正常信号与故障信号的差值曲线。电气绝缘节故障在分路电流曲线上的表现具有以下特点：

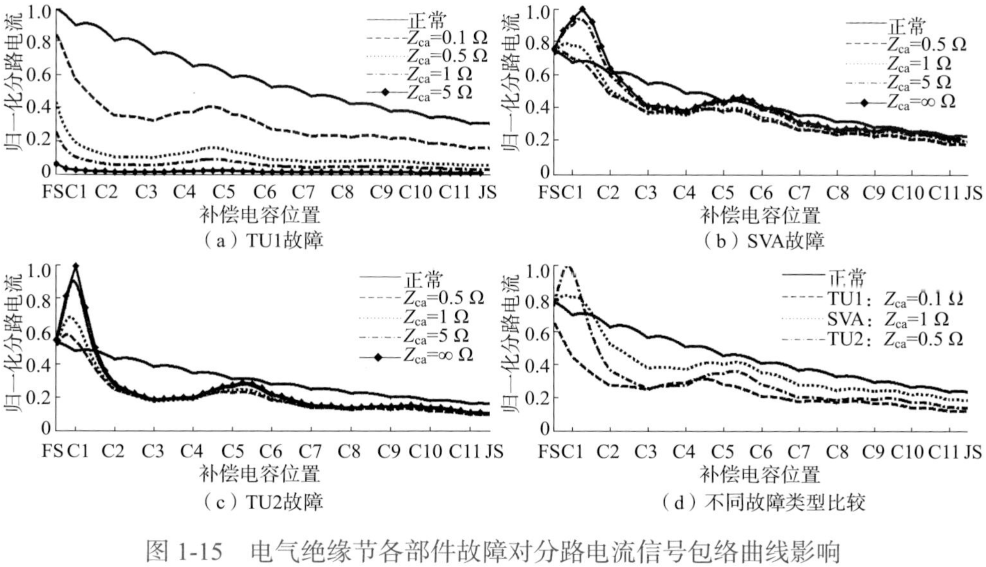

（a）TU1故障 （b）SVA故障
（c）TU2故障 （d）不同故障类型比较

图 1-15 电气绝缘节各部件故障对分路电流信号包络曲线影响

TU1、TU2、SVA故障均会因破坏了电气绝缘节的整体谐振效果而使得分路电流信号曲线在整个轨道电路区段内发生变化。

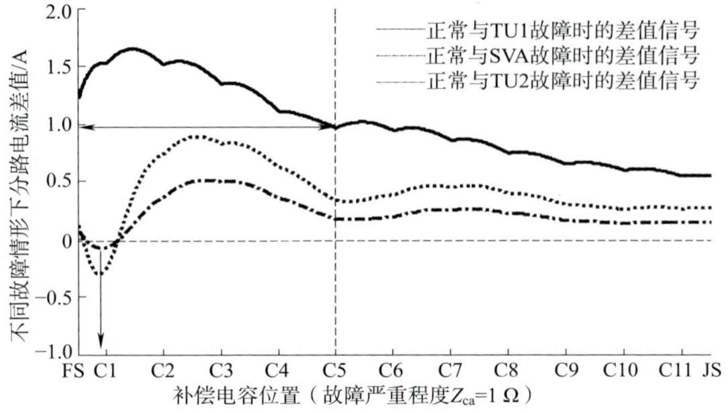

图 1-16　电气绝缘节不同部件故障的影响关系分析

分路电流信号曲线对TU1的故障非常敏感，当连接电阻变大时该信号幅值呈现较大幅度的衰减。此外，TU1故障会破坏其对相邻轨道电路信号呈现的串联谐振关系从而造成相邻轨道电路信号的越区传输，即邻区段干扰，当干扰幅值达到机车信号传感器的接收灵敏度时，干扰信号则会被机车信号车载设备接收，给行车安全带来隐患。

TU2故障时，分路电流信号曲线在补偿电容C1附近出现一个尖峰，故障越严重尖峰的幅值越大。TU2故障会破坏其对本轨道电路信号呈现的串联谐振关系从而造成本轨道电路信号的越区传输，与TU1故障不同的是，该干扰信号一般无法被机车信号传感器接收。

SVA故障对分路电流信号包络曲线的影响在波形上与TU2故障时类似，但幅值上大大小于TU2同等故障时的情形；SVA起着平衡牵引电流、改善电气绝缘节品质因素等重要作用，因此也必须保证其正常工作。

TU1故障影响最为严重，TU2次之，SVA最弱，TU2与SVA的影响具有相似性，三个部件的故障影响主要体现在临近发送端的前5个补偿间距范围内。

其他故障对机车信号感应电压信号参数的影响。除前述对于机车信号感应电压幅度包络造成影响的故障模式外，还存在一些比较简单的故障模式，其故障表现为FSK信号参数的偏移或者错误。

（1）频率参数

轨道电路编码输入、发送设备故障可能导致所发送FSK信号的载频或者低频偏移超标甚至错误。轨道电路电气隔离单元的谐振点偏移可能导致FSK信号的上下边频幅度出现较大的差异，在频谱上的表现是边频幅度不一致，俗称“歪肩膀”。这些故障将对机车信号的译码造成影响，严重时将影响行车安全。

（2）电压参数

轨道电路发送器输出电路、衰耗调整端子配线、阻抗匹配、补偿电容及调谐单元器件、机车信号接收线圈、车载采集与处理环节等电路故障可能导致轨道电路接收端电压、发送端电压异常，也可能导致一个区段内机车信号感应电压幅度的最大值、最小值、入口电压值或者出口电压值出现异常。这些异常可能导致轨道电路“红光带”（无车占用的时候显示区段占用）故障，或者是机车信号“掉码”（错误显示白灯）故障。

（3）电磁干扰与带内杂散

电气化牵引区段对于轨道电路、机车信号会造成较大的工频干扰，如图1-17所示。当平行线路的邻近轨道电路设置不合理、分路电流较大时，还会对本区段轨道电路造成邻线干扰；相邻区段轨道电路的调谐单元故障则会对本区段轨道电路造成邻区段干扰。这些干扰表现为机车信号感应电压信号频谱的带内杂散成分的增加，严重时将影响机车信号的正常译码，使得机车信号掉码甚至出现错误显示。

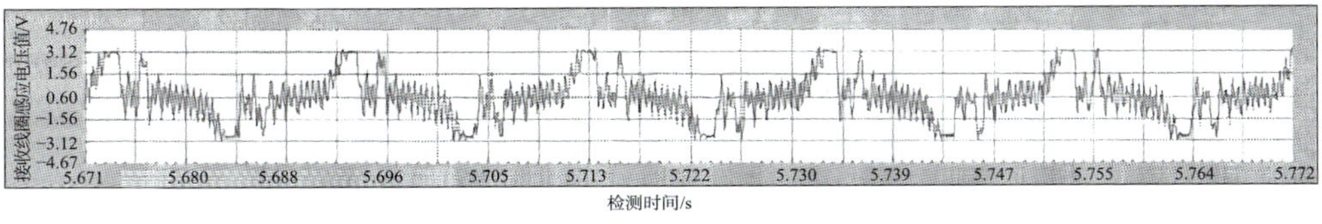

图 1-17　工频干扰下的机车信号接收线圈感应电压信号（原始波形）

1.2.1.4 不平衡牵引电流对轨道电路影响分析

在电气化轨道区段，牵引电流回流一部分经回流线流向牵引变电所，一部分经钢轨在变电所附近地线处流向变电所，还有少量经道床流向大地或迷失。钢轨和大地是牵引电流回流路径的组成部分，流经其中的电流数值达到数百安培。

牵引回流对轨道电路传输的影响主要体现在牵引电流不平衡上。牵引电流不平衡是指在同一时刻线路的两条钢轨中牵引电流存在差值。由于有扼流变压器等设备存在，常态下，流经两轨的电流值相等，轨道电路的工作不受影响；但若两根钢轨的牵引电流不平衡，超过一定数值时，就将烧损信号设备，影响设备正常工作。

产生不平衡电流的主要原因包括钢轨阻抗、接续线阻抗、对地漏泄、扼流变压器线圈技术状态等。

（1）处于曲线上的轨道电路，线路外轨较内轨长度大，进而造成两钢轨阻抗存在差值。

（2）钢轨接头处的塞钉、连接线、接夹板技术状态不同，各钢轨接头电阻存在差异。

（3）扼流变压器线圈中性点两侧阻抗存在差异，两钢轨引接线电阻也可能有微小的差距，形成扼流变中性点两边的阻抗不相等。

（4）轨道电路的对地漏泄不平衡，即两根钢轨对地漏泄导纳的不相等。

1. 牵引回流不平衡电流对25 Hz相敏轨道电路的影响

25 Hz轨道电路的信号电源是由铁磁分频器供给25 Hz交流电，以区分50 Hz牵引电流，接受器采用二元二位轨道继电器，当轨道线圈和局部线圈电源电压满足规定的相位要求时，轨道继电器（GJ）吸起，轨道电路处于调整状态，即表示轨道电路空闲。工频干扰对25 Hz轨道电路的影响，产生原因与扼流变压器直接相关，如图1-18所示。

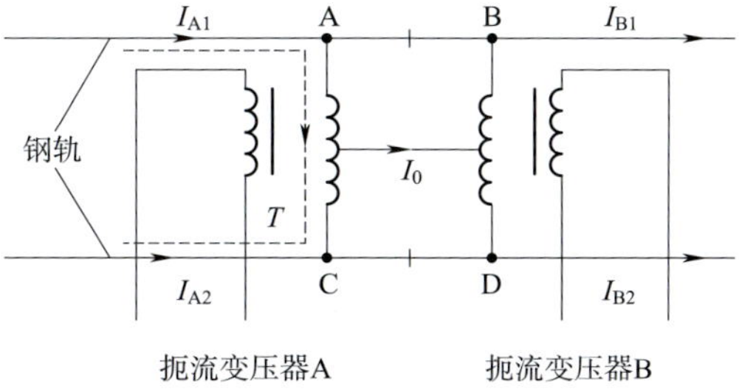

图 1-18 工频干扰对 25 Hz 轨道电路的影响

当流经两根钢轨中的牵引电流$I_{A1}=I_{A2}$时，在扼流变压器的初级线圈上形成的磁场是大小相等方向相反，合成的交变磁场等于零，根据电磁场感应定理及右手定则可知，其感应电势是相互抵消的，即在扼流变压器的二次侧不产生感应电压，牵引电流的干扰不会侵入轨道电路。

当$I_{A1}\neq I_{A2}$时，牵引电流不平衡，即当$I'=|I_{A1}-I_{A2}|$存在时，扼流变压器的一次侧所产生的磁通不能相互抵消，则相应的在次级产生一个感应电压，大小等于$E=\pm K\Delta\phi/\Delta t$，方向由$I_{A1}$、$I_{A2}$大小而定。由于牵引电流不平衡所造成的这个感应电压，直接侵入轨道电路的回路，当ΔI达到一定值时，有可能使GJ发生误动。

2. 牵引回流不平衡电流对移频轨道电路的影响

以应用最为广泛的ZPW-2000为例。不平衡牵引电流对ZPW-2000轨道电路形成干扰的机理如图1-19所示。理想情况下，两轨中的牵引电流$I_1=I_2$。当牵引电流不平衡时（即图1-19中$I_1\neq I_2$），空芯线圈上将流入牵引电流（图1-19中I_0），形成干扰电压，耦合到发送或接受设备，从而造成对ZPW-2000设备的干扰。该干扰近似于电流源，成分由50 Hz及其谐波组成，主要是奇次谐波，含量与电力机车的特性相关。

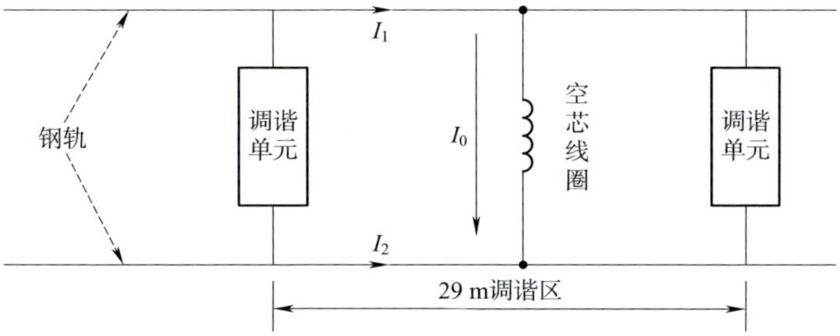

图 1-19 不平衡电流对 ZPW-2000 轨道电路的影响

1.2.2 应答器传输系统

应答器是一种基于电磁耦合原理实现的地-车间高速数据传输的点式传输系统，用于在特定地点从地面向列车传送信息。地面应答器安装在轨道中间轨枕上，不要求外加电源，处于休眠状态。列车经过时，地面应答器被车载天线发送的功率载波能量瞬时激活，将接收到的电磁能量转换成电能，并利用这些电能调出存储信息经调制后循环向车载设备发送报文信号。车载天线接收应答器所发射的报文信号经译码处理发送给列控车载设备安全计算机使用，图1-20为应答器实物。

图 1-20　应答器传输系统车载与地面设备

我国铁路采用的应答器传输系统包括地面设备和车载设备，其中地面设备包括地面应答器（简称应答器）、轨旁电子单元（lineside eletronic unit，LEU）等；车载设备包括车载天线、应答器传输模块（balise transmission module，BTM）。各设备技术性能满足《应答器传输系统技术条件》相关要求。

1. 地面设备

（1）接收应答器车载天线单元发射的激活能量。

（2）通过上行链路接口向车载天线发送数据信息。

（3）数据管理。

（4）开始阶段模式选择。

（5）上行信号场限制。

（6）当应答器车载天线在有效作用范围内时，地面应答器需要发送连续的信息。地面应答器发送的信息形成一个连续的报文信息流，该报文包括同步码、有效信息以及校验码。报文有两种长度，根据应用的区间定义，一个地面应答器只能发送一种报文。

2. 车载设备

（1）发送地面应答器所需要的能量载波。

（2）接收来自地面应答器返回的信息。

（3）对接收到的信息进行处理，形成处理好的无错码的报文。

（4）确定定位参考点。

（5）循环测试车对地发送通道的有效性。

3. 接口

应答器传输系统的接口如图1-21所示，相关接口包括车载设备与地面设备间的A接口、车载解码器与列控车载计算机间通信的B接口、LEU与地面可编程应答器间的C接口及LEU与车站列控中心设备间的通信接口S接口。

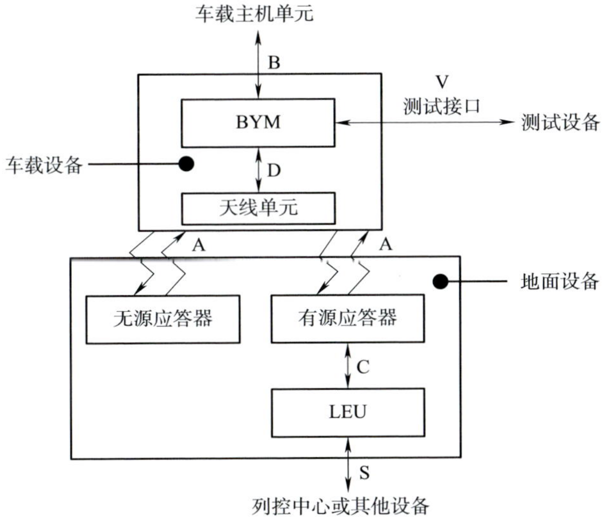

图 1-21　应答器传输系统组成

（1）A接口

应答器系统中A接口定义为车载设备与地面应答器设备之间通过空气间

隙、基于磁耦合实现的通信接口。该接口定义对确保不同应答器设备间互联互通以及信息传递的高效、安全、可靠具有重要意义。

车载天线单元将发射磁场为应答器提供射频能量（A4接口），当天线单元位于接触区内时，应答器接收此能量，建立工作电源，并发送数据报文（上行链路A1接口）。

车→地间传输A4接口的功率载频为27.095 MHz±5 kHz，当频偏大于等于10 kHz时，载波噪声小于-110 dBc/Hz。地→车传输间A1接口的数据信号调制方式为FSK，逻辑“0”（fL）时为3.951 MHz，逻辑“1”（fH）时为4.516 MHz，两个频率之间切换时，载频应该保持连续相位（即应提供连续相位移频键控调制）。

（2）B接口

B接口为车载解码器与列控车载计算机间的通信接口，应采用RS-485、CAN总线或其他串行数据总线方式。采用 RS-485总线时，采用主从通信方式，车载解码器为从机。采用CAN总线时，通信协议使用CAN2.0B。

（3）C接口

C接口是LEU与地面可编程应答器的通信接口，它包含由LEU向地面可编程应答器传输数据报文的C1接口、地面可编程应答器回送的被激活的C4接口、LEU向地面可编程应答器提供偏置电压的接口C6，这三种接口信号同在一对电缆芯线中传输。接口C采用透明传输，传输介质采用应答器设备专用屏蔽双绞电缆。

（4）S接口

S接口是LEU与地面列控设备间的通信接口，可采用RS-422、RS-485、CAN总线、以太网等方式进行连接，或采用继电器输入方式。

应答器可分为有源应答器和无源应答器两种类型。无源应答器只包含了A接口部分，只能发送存储在应答器中的固定报文信息；有源应答器包含了A接口部分和C接口部分，可发送由LEU接收到的变化的报文信息。应答器A接口部分平时处于休眠状态，有源应答器的C接口工作电源仅用于接收 LEU 发来的报文信息的接口电路，不给控制模块和数据收发模块供电。在列车行驶到应答器上方时，应答器的耦合线圈感应到车载天线发射的27.095 MHz功率载波磁场，经高频接收滤波器滤波处理后将其转化为电能，从而建立起应答器工作所需要的电源，应答器才被激活，在应答器控制模块的控制下发送带有报文信息的上行链路调制信号。当应答器离开应答器上方后，应答器失去电源，便停止数据发送，即使有源应答器也只是在车载天线接近应答器时才发送数据。

有源应答器与地面电子单元（LEU）相连，能在接收到车载设备发送的射频能量信号之后将由LEU接收传送给应答器的可变的数据报文发送给车载设备；在与LEU通信异常情况下，有源应答器发送存储在内部的默认报文。通常无源应答器存储的数据报文或者有源应答器内部的默认报文可通过特定的编程器进行报文读写操作，但修改无源应答器存储的数据报文或者有源应答器内部的默认报文时应有严格的授权。

4. 报文

应答器报文分为应答器用户报文和应答器传输报文。应答器用户报文指根据应答器用户信息包格式编制的报文，应答器用户报文分为长报文（830 bit）和短报文（210 bit）两种。应答器传输报文指应答器用户报文经过应答器编码算法（采用85 bit BCH循环码）后存储在应答器中或通过LEU传输的报文。应答器传输报文也分为长报文（1 023 bit）和短报文（341 bit）两种。

每一条应答器用户报文均由信息帧、用户信息包、结束标志位构成，具体帧结构见表1-2。信息帧主要是对应答器报文的一个标识，包含应答器编号、版本信息等内容。用户信息包根据列控系统需求，针对不同的作用，定义各种不同用途的信息包。表1-3给出了常用的信息包。

表 1-2　信息包组成

序号	名　称	变　量	位数	备　注
1	帧标志	Q_UPDOWN	1	信息传送的方向（0=车对地，1=地对车）
		M_VERSION	7	语言/代码版本编号（0010000V10）
		Q_MEDIA	1	信息传输媒介（0=应答器，1=环线）
		N_PIG	3	本应答器在应答器组中的位置（000=1111=8）
		N_TTAL	3	应答器组中所包含的应答器数量（000=1111=8）
		M_DUP	2	本信息与前/后应答器信息的关系（00=不同，01=与后一个相同，10=与前一个相同）
		M_MCOUNT	8	报文计数器（0～255）
		NID_C	10	地区编号（高7位=大区编号，低3位=分区编号）
		NID_BG	14	应答器标识号（高6位=车站编号，低8位=应答器单元编号）
		Q_LINK	1	应答器组的链接关系（0=不被链接，1=被链接）
2	用户信息包		772	用户信息包区信息包1、信息包2
3	信息结束		8	=11111111，表示信息帧结束

表 1-3　常用信息包含义

序号	信息包号	信息包名称	序号	信息包号	信息包名称
1	[ETCS-5]	链接	12	[ETCS-79]	地理位置信息
2	[ETCS-16]	重定位	13	[ETCS-131]	RBC切换
3	[ETCS-21]	坡度	14	[ETCS-132]	调车危险
4	[ETCS-27]	速度	15	[ETCS-137]	目视行车危险
5	[ETCS-41]	等级转换	16	[ETCS-254]	默认信息
6	[ETCS-42]	通信管理	17	[ETCS-255]	信息结束
7	[ETCS-44]	CTCS数据	18	[CTCS-1]	轨道区段
8	[ETCS-45]	无线网络注册	19	[CTCS-2]	临时限速
9	[ETCS-46]	有条件等级转换	20	[CTCS-3]	区间反向运行
10	[ETCS-68]	特殊区段	21	[CTCS-4]	大号码道岔
11	[ETCS-72]	文本信息	22	[CTCS-5]	绝对停车

1.2.3 无线闭塞中心

无线闭塞中心（radio block center，RBC）是一个基于安全计算机平台的控制系统，依靠GSM-R及以太网等通信平台与其他地面设备联系。作为CTCS-3级列控系统地面关键设备，RBC根据从外部地面设备（列控中心、联锁设备、车站CTC分机等）接收到的信息，即股道占用、进路信息，临时限速等，同时通过GSM-R接收车载设备发送的列车位置信息以及其他列车参数信息，生成列车控制命令，主要是提供行车许可（movement authority，MA），以及线路上的临时限速，过分相等信息，使列车在本RBC管辖范围内的线路上安全运行，完成列车间隔控制和列车防护。

RBC系统结构如图1-22所示，由RBC主机（包括ISDN服务器和调试终端等）、司法记录器、接口服务器（VIA）、RBC本地终端（包括密钥管理等）等部分构成。

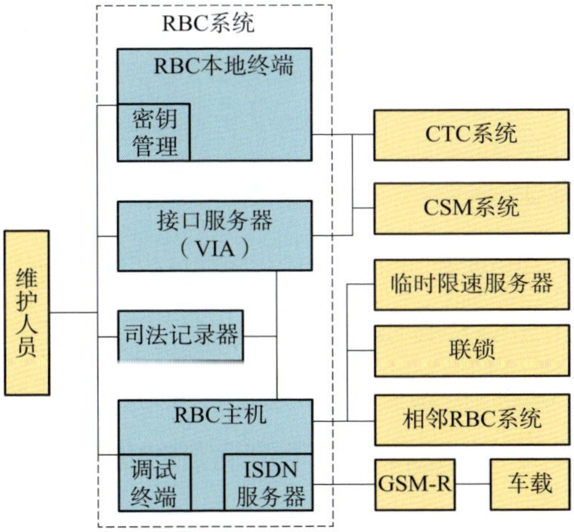

图 1-22 RBC 系统结构

RBC的主要功能包括数据配置、地面动态状态映射、列车管理、MA生成、RBC切换等，以保证列车的安全运行。

1. 数据配置

为实现RBC与外部各系统的安全通信及信息传递，RBC需要按照自己的格式保存其管辖范围内线路上所有设备之间的拓扑关系和各种特殊区域的起止范围，从而能够根据车载设备报告的位置在该拓扑图上确定列车所在的精确位置，并结合进路信息、临时限速信息、灾害区信息实现后续控车功能。

一般来说，RBC需要根据列控数据表和信号平面图生成静态信息，主要包括线路描述信息、进路信息、临时限速信息、接口描述信息、RBC设备信息、RBC版本信息等。

2. 地面动态状态映射

当RBC启动时，内部所有进路信息和临时限速信息均需设置为安全状态，此时不能为车载设备提供 MA。为正常控车，RBC必须能够与相邻RBC、联锁和临时限速服务器建立起安全连接，并根据来自相邻RBC、联锁和临时限速服务器的消息，将地面动态状态映射到其保存的内部拓扑图上，更新相应的内部状态。具体而言，主要包括进路映射技术和临时限速映射技术两种映射技术。

进路映射技术：根据来自联锁的进路编号和进路状态，找到RBC内部保存的对应进路，并更新其状态。

临时限速映射技术：根据来自临时限速服务器的临时限速命令，按照公里标、线路号、限速值等信息将临时限速设置到内部拓扑图上的对应区域。

3. 列车管理

RBC与车载设备的对应关系为一对多的关系，一套RBC应能控制多个车载设备。因此，需要与不同的车载设备建立独立的安全连接，并通过各安全连接与不同的列车交换信息。

当RBC收到呼叫请求时，RBC应能根据内部保存的密钥信息区分正常的列车呼叫和非法攻击。对正常的列车呼叫，当已建立的连接未超过RBC允许的最大值时，RBC应能为该安全连接分配通道并建立起安全连接；对非法攻击，RBC应能命令对方断开连接。

当安全连接建立后，RBC应能接受列车注册。此后，RBC应能根据列车报告的位置确定列车是否在其管辖范围内，根据列车报告的模式和等级确定是否需要为车载设备提供控车信息。当车载设备报告非正常模式（如休眠）时，RBC应命令车载设备断开连接。对不在其管辖范围内的列车，RBC应命令车载设备断开连接；对于确定在其管辖范围内的车载设备发送配置参数等信息。当列车离开RBC管辖范围或者列车所在的模式、等级不再需要RBC提供控车信息时，RBC应命令车载设备断开连接。此外，RBC应能接受车载设备的主动注销。

4. MA生成技术

RBC的最主要、最核心的功能就是为列车分配行车许可（MA），RBC生成MA的过程如图1-23所示。RBC首先通过列车位置报告从列车获得当前的列车位置，在内部拓扑图上对列车精确定位。根据从联锁获得的列车前方的进路状态和RBC允许的最大MA长度约束，将列车前方尽可能多的空闲进路分配给列车，并计算出这些空闲进路的总长度，填充行车许可信息。根据静态线路描述信息中包含在分配给列车的进路范围内的应答器、变坡点、变速点、分相区、等级转换区、RBC切换区等信息，以及内部拓扑图上的动态临时限速信息，填充链接信息、坡度曲线、静态速度曲线、等级转换命令、设置临时限速、线路条件、RBC切换命令等信息，共同组成行车许可消息发送给车载设备。

5. RBC切换

由于RBC处理性能的约束，通常来说一套RBC无法管理一整条线的所有设备，一般每条线都会配备多个RBC。RBC切换是指RBC边界处，实现

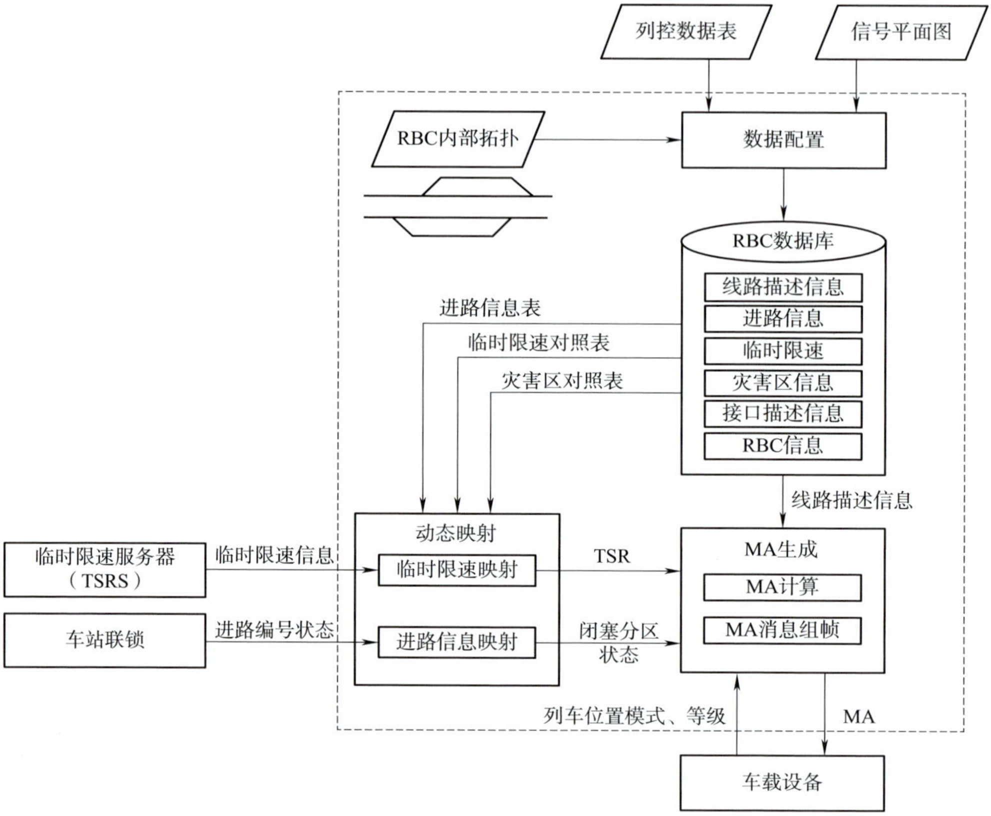

图 1-23　RBC 生成 MA 过程示意

列车在相邻两个RBC间行车许可控制的安全切换过程。为保证列车能够不降速通过RBC边界，相邻的RBC 以接力的方式不间断地为车载提供移动授权。在RBC切换过程中，相邻RBC范围内的进路信息不再由联锁提供，而是由相邻的RBC提供。移交RBC根据来自接收RBC的进路信息，采用MA生成技术为车载设备生成覆盖接收RBC管辖范围的MA。接收RBC根据来自移交RBC的列车信息为车载设备预分配进路。RBC切换采用RBC间直接通信的方式交换RBC切换信息，如图1-24所示。

6. RBC与其他设备的信息交互

RBC作为地面设备的核心组成部分，由RBC直接将地面设备的信息通过GSM-R网传送给车载设备。因此，RBC的接口比较多，也较为复杂，如图1-25所示。

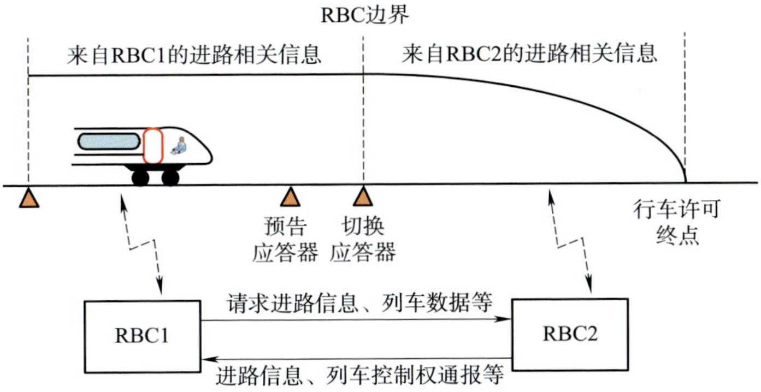

图 1-24　RBC 切换示意

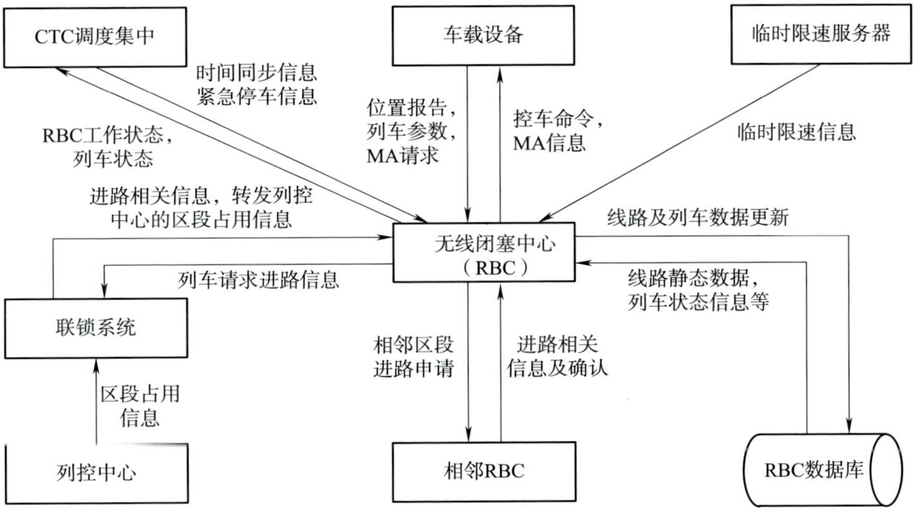

图 1-25　RBC 与其他系统接口

1.2.4　列控中心

在CTCS-2级列控系统中，列控中心负责实现列车区间运行方向与闭塞控制，列控中心根据进路状态和轨道区段状态，实现站内和区间轨道电路的载频，低频信息编码，并控制轨道电路的发码方向。对设置区间信号机的高速铁路，由列控中心完成区间信号机点灯控制。同时，列控中心还可以通过继电器与异物侵限系统或地震报警系统接口，实现灾害时制动停车等防护功能，并把灾害信息传送给联锁设备和集中监测设备。

列控中心主要由安全主机单元、通信接口单元、驱动采集单元、辅助维护单元、冗余电源单元等部件构成，其设备组成如图1-26所示。列控中心设备适用于高速铁路上的联锁车站、中继站和线路所，也可用在与CTCS-2级或CTCS-3级高速铁路相衔接的CTCS-0级车站，根据车站类型，列控中心分为车站列控中心和中继站列控中心（线路所的列控中心等同于车站列控中心）。列控中心与ZPW-2000系列轨道电路、车站联锁、临时限速服务器、相邻列控中心、地面电子单元（LEU）、集中监测和CTC设备配置通信接口。

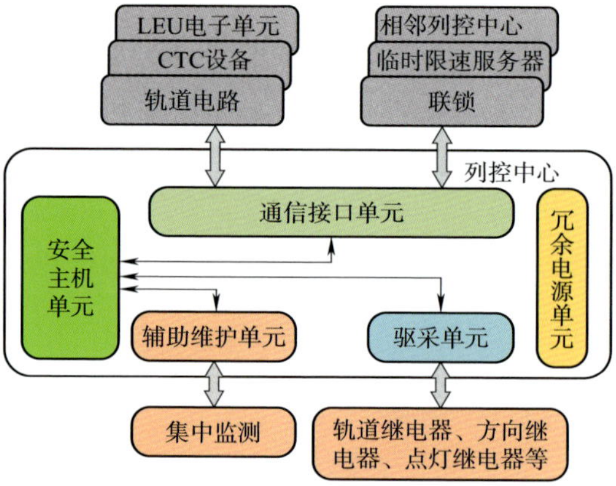

图 1-26　列控中心设备组成

列控中心主要实现以下功能。

（1）列控中心采集列车进路和轨道区段状态等信息，通过信号安全数据网实现站内和区间轨道电路的载频、低频信息编码功能，并控制轨道电路的发码方向。

（2）列控中心通过信号安全数据网接收临时限速服务器发送的临时限速信息，根据临时限速设置和列车进路开通情况，实现应答器报文的实时组帧、编码、校验，并通过LEU发送至有源应答器。

（3）列控中心之间通过信号安全数据网通信，实现站间安全信息的实时传输。

（4）能实现区间运行方向与闭塞的控制。

（5）能实现对区间通过信号机的点灯控制。

（6）能实现无配线车站轨道电路的编码控制和进出站信号机的驱动采集。

（7）能通过继电器与异物侵限系统接口，实现异物侵限灾害防护，并将灾害信息传送给联锁设备和信号集中监测设备。

（8）向调度集中设备传输区间闭塞分区状态、编码、方向和设备状态等信息。

1.3 列控车载设备

列控车载设备最主要的功能就是速度防护控制，其原理如图1-27所示。在列车运行过程中，车载设备通过车载输入或调用存储信息获取列车制动特性，包括各种制动减速度、制动建立时间等，从地面设备获得线路长度、坡度及各种限速值信息，以及接收到运行许可命令，实时计算速度监控曲线以生成当前限制速度，实时监控列车运行速度，并通过人机界面给出司机相应的指示。列车实际速度接近当前限制速度，车载设备将发出报警指示，提醒司机降速，若当前运行速度超过当前限制速度，车载设备将输出制动命令，自动控制列车减速或停车。

1.3.1 列车运行监控装置

列车运行监控装置（简称LKJ），是中国列车运行控制系统体系的组成部分，用于防止列车冒进信号、运行超速事故和辅助机车司机（含动车组司机，下同）提高操纵能力的重要行车设备。

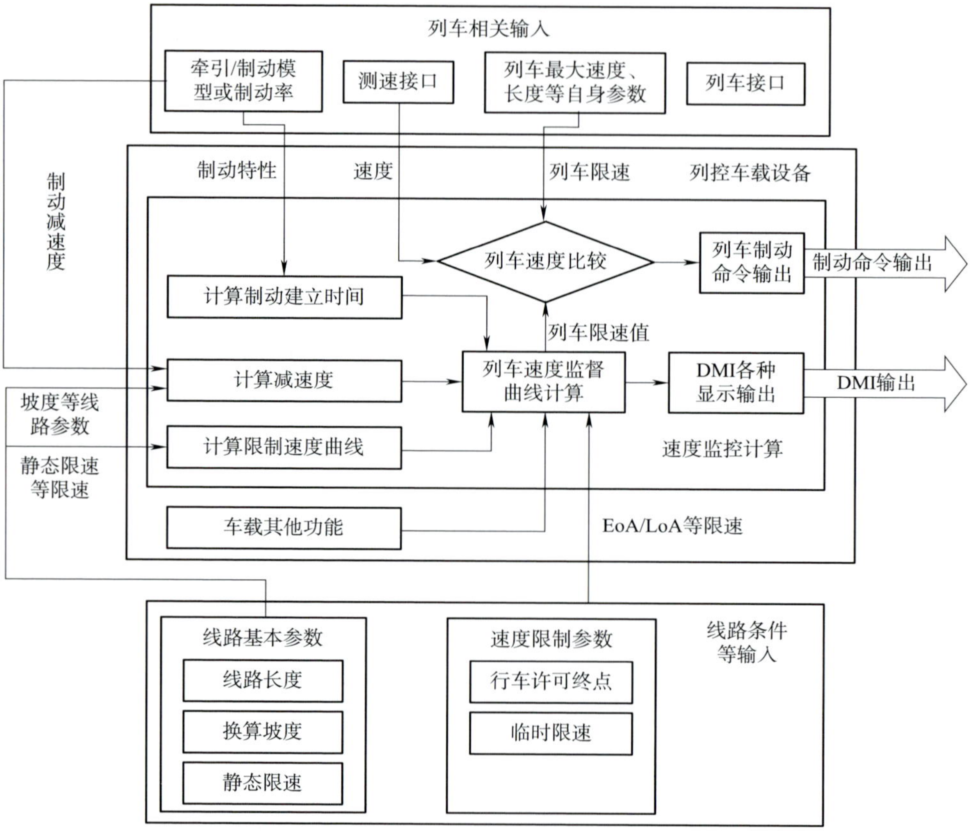

图 1-27　列控车载设备原理

LKJ由监控主机箱、人机交互单元（又称屏幕显示器）、LKJ 功能扩展盒、GPS信息接收装置、压力传感器、速度传感器、鸣笛转换器、本/补切换装置、事故状态记录器、调车灯显接口盒、专用连接线缆等组成。图1-28为LKJ2000 型列车运行监控记录装置。

图 1-28　LKJ2000 型列车运行监控记录装置

LKJ根据不同工作条件或需求分为通常工作状态、调车工作状态、非本务工作状态、20 km/h 限速工作状态、降级工作状态和与其他 ATP结合工作状态等多种控制状态。LKJ主要功能如下。

1. 监控功能

（1）防止列车越过关闭的地面信号机。

（2）防止列车超过线路（或道岔）允许速度及机车、车辆允许的构造速度。

（3）防止机车以高于规定的限制速度进行调车作业。

（4）在列车停车情况下，防止列车溜逸。

（5）可按列车运行揭示要求控制列车不超过临时限速。

2. 记录功能

（1）开/关机时相关参数记录。

（2）乘务员输入参数（或IC卡输入）记录。

（3）运行参数记录。

（4）事故状态记录。

（5）插件故障记录

3. 显示功能

（1）显示列车运行的实际速度及限制速度（或目标速度）。

（2）显示距前方信号机距离及前方信号机种类。

（3）显示运行线路状况。

（4）显示机车优化操纵曲线。

（5）其他运行参数的显示。

4. 地面分析功能

将车载记录的列车运行数据经过翻译、整理，以直观的全程记录、运行曲线、各种报表等形式再现列车运行全过程，为机务的现代化管理及事故分析提供帮助。

LKJ2000型监控装置适用场景广泛，既适合各型电力机车、内燃机车以及动车组，也适应自动及半自动闭塞方式，同时还能适应各种轨道电路信号制式，包括移频（含18信息移频）、交流计数、极频等。装置的软件具有通用性，不同用户可通过面向用户的软件参数调整来满足不同功能的要求，适应不同的运行情况。

1.3.2　机车信号

机车信号又被称为机车自动信号，设在机车或动车组的驾驶室内，用来自动反映运行条件，指示机车或动车组的运行。

作为传统意义上的机车三大件之一，机车信号能自动复示运行前方地面信号机显示的内容，克服天气影响和地形影响，改善司机瞭望条件，特别是在雨雪、风沙、大雾迷茫等恶劣气候条件下，可以帮助司机及时了解下一区间状态，就像机车的眼睛，指示着司机的操纵运行，保障列车的行车安全。

图1-29为JT1-CZ2000主体机车信号结构，当机车靠近地面的信号机时，机车信号接收线圈接收到轨道电路中发射的地面信号信息，经过机车上的滤波器、译码器、放大器等设备的处理，通过安装在驾驶室内的机车色灯信号机显示出来。

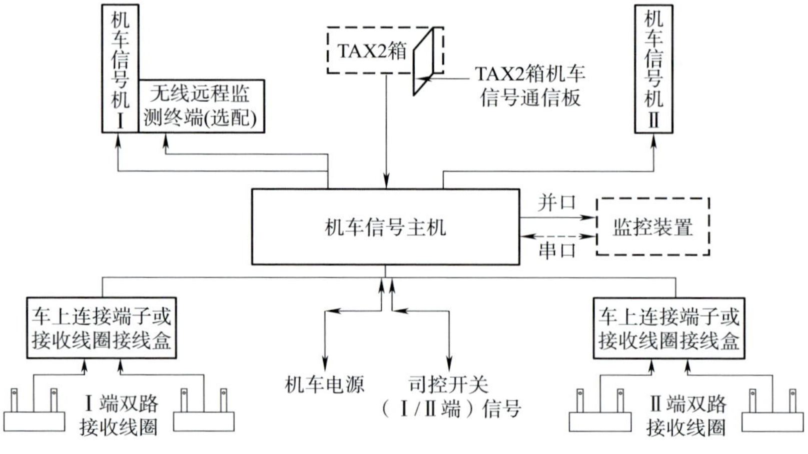

图 1-29　JT1-CZ2000 主体机车信号结构

参照TB/T 3287—2013《机车信号车载系统设备》，机车信号的输入与输出信息应符合表1-4要求。

表 1-4 输入输出信息

输入信号				输出信号
TB/T 3060—2002 移频	“1.9” 移频	交流计数	ZPW-2000	信号显示
Hz	Hz	—	Hz/ 代码	
无码	无码	无码	无码	B白
—	—	—	21.3/L5	L绿
—	—	—	23.5/L4	L绿
9.5	9.5	—	10.3/L3	L绿
8.5	8.5	—	12.5/L2	L绿
11	11	绿码	11.4/L	L绿
—	9	—	—	LU 绿黄
—	12.5	—	—	LU 绿黄
13.5	13.5	—	13.6/LU	LU 绿黄
12.5	—	黄码	15.8/LU2	U 黄
15	15	—	16.9/U	U 黄
18.5	—	—	—	U 黄
17.5	17.5	—	20.2/U2S	U2S 黄2闪
16.5	16.5	—	14.7/U2	U2 黄2
—	—	双黄码	—	UU 双黄
—	22.5	—	—	UU 双黄
21.5	21.5	—	19.1/UUS	UUS 双黄闪
20	20	—	18/UU	UU 双黄
24.5	—	—	24.6/HB	HUS 红黄闪
—	23.5	—	—	HU 红黄
—	24.5	—	—	HU 红黄
26	26	红黄码	26.8/HU	HU 红黄
23.5	—	—	29/H	H红
无码	无码	无码	无码	H红

1.3.3 列车自动防护系统

列车自动防护系统，简称“车载ATP”，是列车运行控制系统的核心安全设备，包括车载安全计算机、无线传输单元（包括无线电台、无线通信模块）、应答器传输模块、轨道电路信息读取器（TCR）、测速测距单元、人机交互接口单元（DMI）、列车接口单元（TIU）、司法记录单元（JRU）等多个子系统，如图1-30所示。

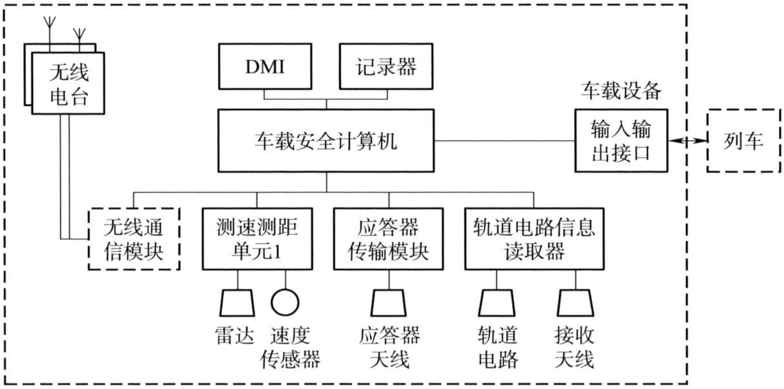

图 1-30 车载 ATP 组成

车载ATP设备最主要的功能就是速度防护控制，在列车运行过程中，车载设备通过车载输入或调用存储信息获取列车制动特性，包括各种制动减速度、制动建立时间等，从地面设备获得线路长度、坡度及各种限速值信息，以及接收到运行许可命令，实时计算速度监控曲线以生成当前限制速度，实时监控列车运行速度，并通过人机界面给出司机相应的指示。列车实际速度接近当前限制速度，车载设备将发出报警指示，提醒司机降速，若当前运行速度超过当前限制速度，车载设备将输出制动命令，自动控制列车减速或停车。

车载ATP设备直接监控列车运行，其所需的有关行车数据是由地面设备提供的信号动态码序、线路固定参数、临时限速信息以及当前速度和位置信息所构成。同时，记录单元对列控系统有关数据及操作状态信息实时动态记录。车载ATP主要实现以下功能。

1. 测速定位功能

车载ATP通过安装在车轮上的速度传感器和安装在车体的雷达能够实时检测列车的运行速度。测速单元把速度传感器和雷达的输入进行测量和逻辑运算，得到列车的实际速度，并把列车运行速度送至主机模块。

车载设备具有确定列车位置的功能，该功能是依据地面应答器收到的信息并以此为基准点，通过测速单元等设备测量列车运行距离来获得列车位置。计算列车位置时要考虑测速设备的误差。

2. 速度监控功能

速度监控是ATP的主要功能，包括监控曲线计算、制动命令实施及显示。车载设备根据从地面接收到的行车许可、线路参数、列车参数等信息实时计算列车速度-距离模式曲线，产生保证列车安全运行的允许速度曲线、报警曲线、常用制动及紧急制动等监控曲线，实时监控列车运行速度。当列车运行速度超过报警速度曲线时，向司机报警；当列车运行速度超过常用制动速度曲线时，实施常用制动，直到实际速度低于缓解速度；如果常用制动失效或列车速度超过紧急制动速度值，车载设备实施紧急制动，使列车停车。

3. 其他安全防护功能

除速度监督外，车载ATP还能够防止列车不期望的运行，包括列车溜逸防护、退行防护、车门监督，以及一些列车运行控制系统自身要求的特殊防护功能。

4. 显示功能

车载ATP需要为司机提供显示和操作的人机交互界面，以及驾驶过程的参考信息。

5. 其他功能

除上述几种能够在不同列车运行控制系统中通用的列车功能外，具体到每一个列车运行控制系统还可根据实际需要配置一些特殊的功能。

1.4 车载信号检测监测

1.4.1 信号动态检测

随着铁路的发展和列车速度的不断提高，对信号在轨道电路上传输和机车信号正确显示的要求越来越高，为适应现代铁路发展的需求，需要可靠性高、准确性高的检测方法来实时完成铁路信号的分析检测。目前，国内应用基于高速综合检测车平台的信号动态检测系统对铁路沿线信号设备状态进行定期检测，在列车动态运行条件下实现轨道电路、补偿电容、牵引回流、应答器等信号设备的状态检测。信号动态检测系统组成如图1-31所示。

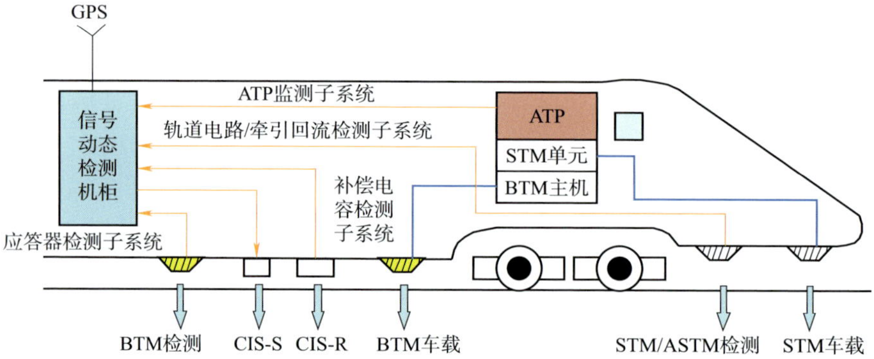

图 1-31　信号动态检测系统组成

1. 轨道电路检测

在检测列车行进过程中，轨道电路被列车第一轮对分路，STM线圈通过电磁感应接收轨道电路钢轨中传输的电流信号，实现动态条件下轨道电路的非接触测量。通过检测发现轨道电路的异常处所，包括临界、邻区段干扰、邻线干扰等。

2. 牵引回流检测

电力牵引列车通过接触网、受电弓等设备获取电能牵引列车运行，牵引电流经接触网、列车受电弓、列车电力牵引设备等，最终通过钢轨返回大地构成供电回路。实际运用中，因线路、列车自身原因等会出现左右两条钢轨牵引回流不平衡现象。不平衡的牵引电流会形成工频干扰，影响信号设备正常运用。牵引回流检测即实现钢轨牵引回流的测量，找出超过阈值并可能对行车造成危害的处所。

3. 补偿电容检测

补偿电容检测是利用电磁感应原理来识别沿线补偿电容状态，由发射天线和接收天线组成，发射天线安装于垂直轨面上端的车辆底部，接收天线安装在车辆底部位于两轨条中间上方。当检测车运行至轨道电路补偿电容位置处，由车辆轮对、钢轨以及补偿电容构成的电磁回路磁场强度发生变化，结合计算机检测技术，从而发现功能降低或失效的补偿电容。

4. 应答器检测

应答器检测利用车载检测BTM天线向地面发送能量信号，地面应答器收到能量信号并被激活，对外发送由报文信息调制的射频信号，系统通过应答器信号接收天线接收，该信号通过电缆进入应答器检测处理机，经过谐振放大器进行放大形成具有一定幅度的应答器信号，经过信号处理电路最终获得应答器报文等信息。应答器检测子系统主要实现应答器位置测试，应答器报文解析、比对、分析，应答器报文误码率、误码分部测试分析，应答器上行链路信号强度、功率、作用范围、频谱特性测试等功能。

1.4.2 列控设备监测

1.4.2.1 机车信号监测

机车信号远程监测系统是机车信号系统的组成部分，主要由车载和地面两大部分构成，车载终端与地面设备通过GPRS与电务专网构成星型网络结构，采用TCP/IP协议进行数据通信。图1-32所示为机车信号远程监测系统结构图，车载终端和地面设备只要分别能与GSM-R、GPRS和电务专网连接，就能正常工作，不受地理位置限制。

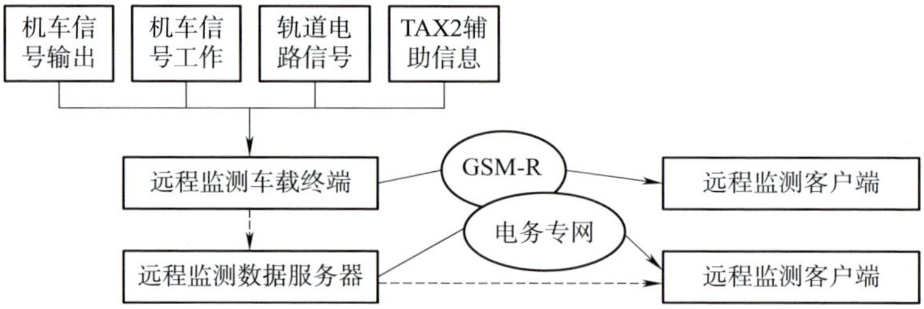

图 1-32 机车信号远程监测系统结构

车载终端作为机车信号远程监测系统的重要组成部分，它采集机车信号设备的输出信息、工作状态、实时数据、轨道电路信号以及机车安全信息综合监测装置数据等，并将这些数据通过GSM-R网络的GPRS无线通道传入到GPRS核心网。服务GPRS支持节点（SGSN）完成分组数据的交换，网关GPRS支持节点（GGSN）通过有线方式（采用TCP/IP协议）与机车信号远程监测数据服务器相连，服务器通过有线网络可以和多个客户端相连，构成车-地之间的数据传输通道，从而把机车信号的数据转发到远程监测客户端。由此，设在地面上的远程监测客户端可以实时观察机车上信号机的运作状态、进行与车载终端的交互、设置车载终端的相关参数以控制车载终端的工作。

1.4.2.2 LKJ数据监测

1. 列车运行状态信息系统（LAIS）

列车运行状态信息系统（LAIS）由车载设备和地面设备两部分组成，以列控车载设备、机车在线检测装置以及其他故障诊断系统等提供的数据为处理对象，利用GSM/GSM-R/WLAN通信网作为无线通信平台，主要实现自动检测与监测信息采集、无线转储数据、列车运行状态实时查询、实现地面模拟添乘以及应急指挥五大基本功能。LAIS系统结构如图1-33所示。

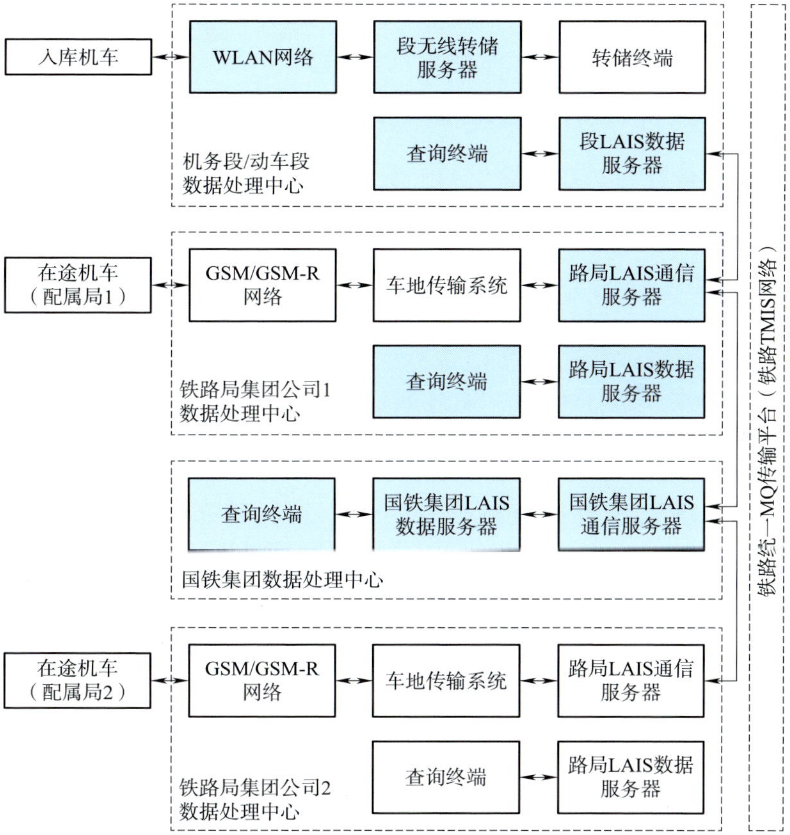

图 1-33 LAIS 系统结构

LAIS车载设备由车载主机、车载WLAN/GSM天线、车载通话器及外围接口等模块构成，与机车安全运行相关的各种装置进行数据交互，实现这些装置的状态、故障和预警数据或者文件的接收，并通过远程GSM和库内WLAN无线的方式传输到地面。车载主机分别与列车运行监控装置、机车综合安全信息监测装置、机车微机柜和机车走行部监测等车载装置相连。车载部分实现车载信息数据的汇集、处理、存储、与地面通话、车地交互等功能。

LAIS地面设备主要由地面网络结构、系统运行环境、服务器及计算机软件组成，主要完成对车载设备的参数配置和数据下载、过滤、转发、预警、统计等功能，实现对车载安全设备的远程诊断、实时监测。

2. LKJ设备运行监测管理系统（LMD）

LKJ设备运行监测管理系统（LMD）是充分利用列车运行状态信息系统（LAIS）既有资源，在保持 LAIS 系统基本结构、应用功能和技术体系完整性的基础上，实现对LKJ系统设备动态监控管理的系统。LMD系统的基本功能包括LKJ设备状态实时监测、列车运行状态监测、LKJ 版本监测、LKJ记录文件远程下载、作业监测、移动终端应用等。

LMD系统由车载子系统、无线通信网络、数据处理及服务子系统和应用子系统组成，其系统结构如图1-34所示。

车载子系统实现设备监测信息、列车运行状态信息等信息收集，通过通信传输网络与地面系统进行车-地双向数据无线交互。通信传输网络依托电信运营商的移动公网3G/4G、铁路GSM-R专网和电务段Wi-Fi网络，实现车载设备与地面系统之间的双向数据交互，通过导航卫星为车载设备提供定位授时信息。地面系统将接收的设备监测、列车运行状态等信息进行分发、处理和存储，通过桌面应用终端和移动终端为用户提供LKJ 系统监测、作业监测等功能，同时也可为其他系统提供信息接口。

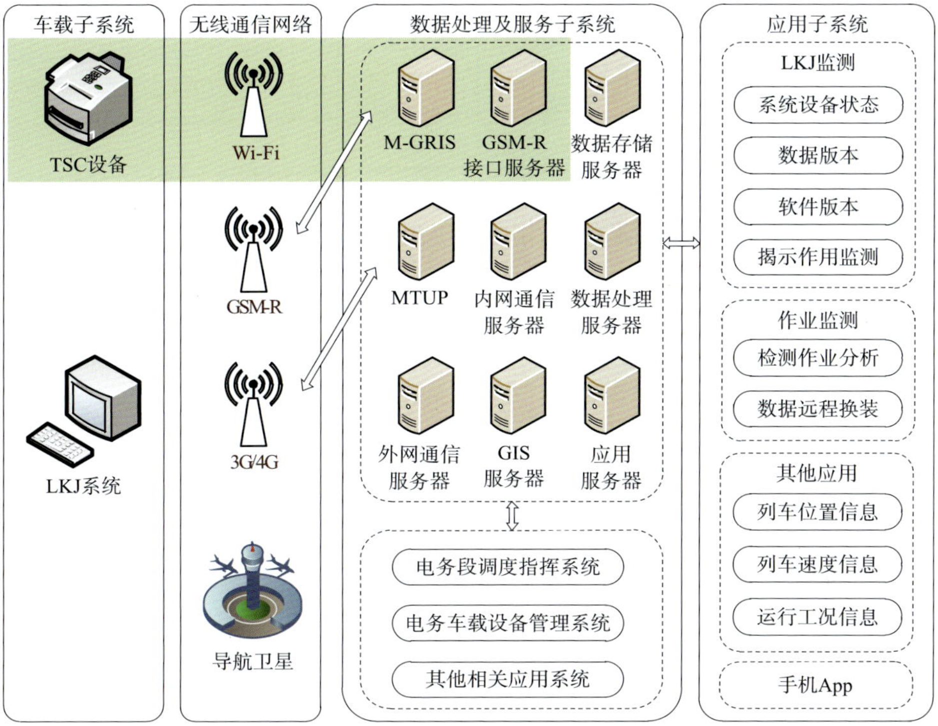

图 1-34 LMD 系统结构

1.4.2.3 列车运行数据监测

1. 列控设备动态监测系统（DMS）

列控设备动态监测系统（DMS）由车载信息采集装置、地面数据中心及查询终端三部分组成，系统结构如图1-35所示。车载信息采集装置安装在动车组相应机柜内，在运行中完成 ATP 列控系统运用状态、应答器位置及报文、轨道电路传输特性等信息的采集，数据通过 GPRS 网传回地面数据中心，经处理、分析、统计后，通过互联网或铁路办公网传给各查询终端，配以地面网络传输管理分析设备，从而达到动车组运用过程中，对涉及行车安全的信号设备 ATP、应答器、轨道电路、补偿电容等内容的监测，实现列控设备和地面设备的检测分析。

DMS系统的主要功能包括实时监测、实时报警及历史数据回放。

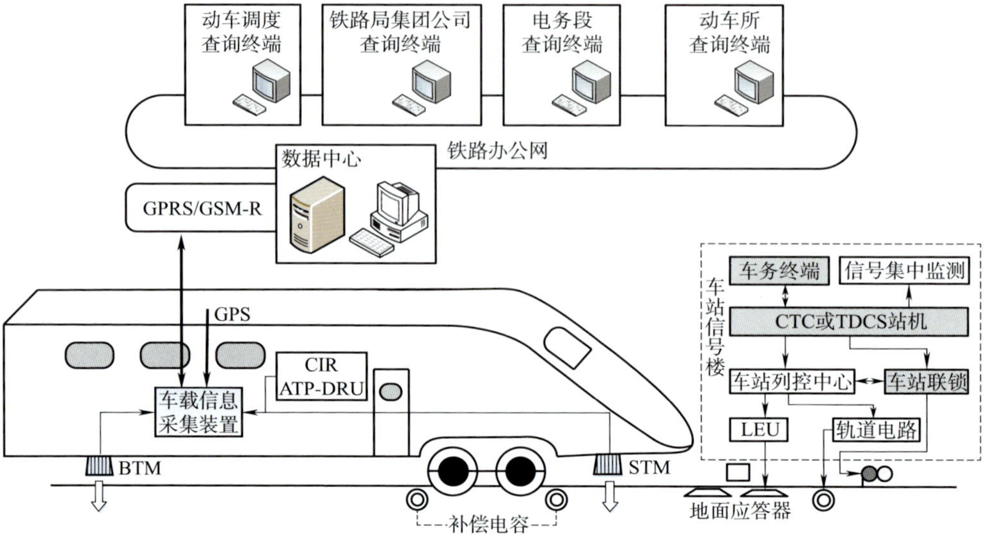

图 1-35　DMS 系统结构

（1）实时监测

DMS系统实时采集动车组运行过程中车载及地面设备状态信息并经既有无线通道或车载监测信息综合传输系统传输至地面数据中心，经加工处理后，在用户终端以图形化的方式实时展示并动态更新。实时监测数据信息包括ATP工作状态、动车组运行速度信息、位置信息、制动信息、轨道电路信息、应答器报文和RBC交互消息等。

（2）实时报警

地面数据中心把采集到的监测数据经分析处理后，结合不同的应用场景，提取出异常停车、ATP故障、应答器报文计数器异常和轨道电路异常四类报警信息。客户端实时接收分析出的告警信息并通过弹屏、声音和短信等方式通知到客户，提示设备运用维护管理部门及时分析和处理。

（3）历史数据回放

用户可通过用户终端按运行线路、动车组编号和车次号等检索方式进行数据查询和图形跟踪，同时可以通过日期、车号、车次检索历史数据并以图形方式进行回放分析。用户终端还支持运行数据、故障报警和应答器报警的查询和导出功能。

2. 车载运行数据记录及分析系统

车载运行数据记录及分析系统以CTCS-3级列控车载ATP系统为检测对象，通过现场总线（ProfiBus）同车载核心处理系统实现连接，获取车载设备的状态数据和运行数据等关键数据，并通过在线/离线的方式，将数据传递给信号检测系统数据接口设备，进行集中的数据存储、分析和实时显示。

车载运行数据记录及显示系统主要包括数据记录单元和数据分析显示单元，系统结构如图1-36所示。

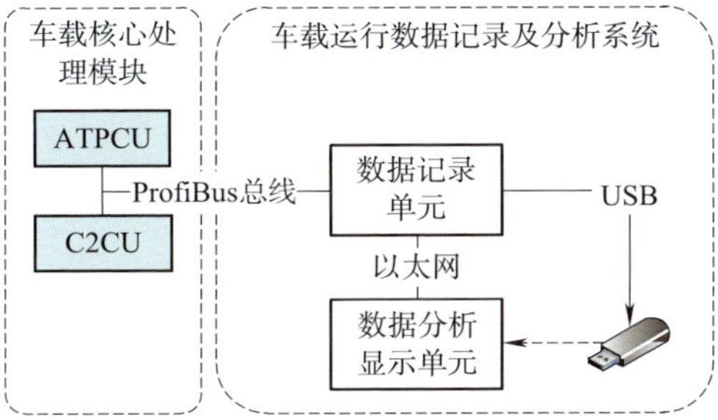

图 1-36 车载运行数据记录及分析系统结构

数据记录单元以车载司法记录单元（JRU）为基础进行扩展升级，利用ProfiBus连接车载核心处理系统的智能单元（如ATPCU、C2CU等），实时采集获取车载ATP发出的数据信息并实现本地存储/数据转发。数据记录单元的结构如图1-37所示。

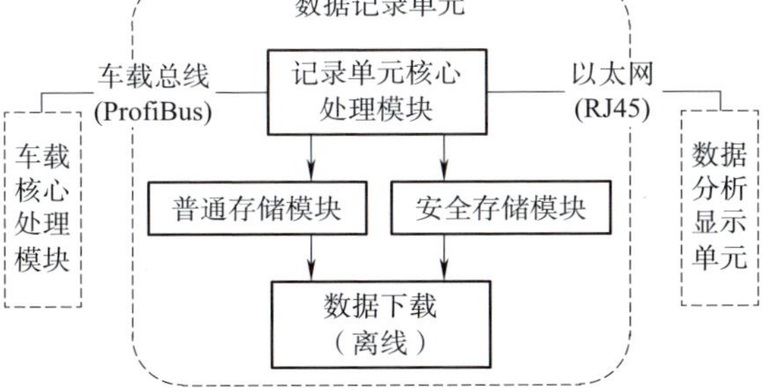

图 1-37 数据记录单元结构

利用USB接口，可获取存储模块中的数据，并复制到其他分析主机上进行分析和显示，实现离线方式的数据下载。利用数据转发接口，可实现车载设备ProfiBus总线上的数据向外部转发。数据转发接口采用标准的RJ-45接口，当数据记录单元收到车载智能单元发出的数据后，核心处理模块将通过数据转发接口把这些数据发送到网络上。针对数据转发接口，核心处理模块仅实现向外转发功能，并不将分析显示单元与数据记录单元的交互命令发送给车载设备，实现数据隔离，因此不会影响到车载设备的正常运行。

数据分析显示单元通过在线或离线的方式获取JRU数据，对数值范围、数据关系等进行分析，基于时间轴和坐标轴进行显示。数据分析显示单元的设备由数据采集分发设备、实时显示设备和对应的连线构成，如图1-38所示。

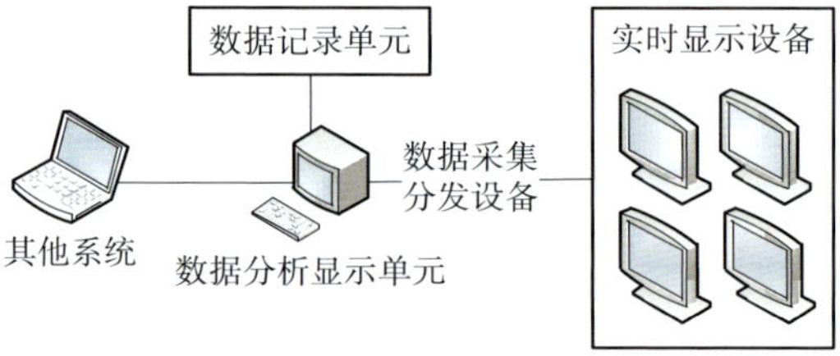

图 1-38　数据分析显示单元结构

数据采集分发设备由一台工作站组成，负责接收JRU设备发出的数据，可根据需要将数据转发给列车上的其他工作单元。实时显示设备由一台或多台工作站组成，实时解析JRU数据，并可根据需要分屏显示，以供多人监控。

1.4.2.4　列控接口数据监测

1. I_{gsm-r}接口监测原理

由于车载ATP设备无线网络模块的工作状态可以有效地反映列车与地面设备的工作情况。因此，车载ATP设备无线数据的研究对CTCS-3级线路检测起到重要作用。

I_{gsm-r}接口是ATP 载通信单元和GSM-R模块之间的接口，ATP车载设备与RBC之间所有 的数据，以及车载设备控制GSM-R模块的AT命令都要经过该接口。 接口在网络中的位置如图1-39所示。I_{gsm-r}接口监测位置介于ATP通信 与GSM-R模块之间，实时无扰监测和记录ATP与RBC各层之间的 交换，提供数据解析、查询、分析和导出功能，通过该接口信息可 到双方向的链路使用情况。

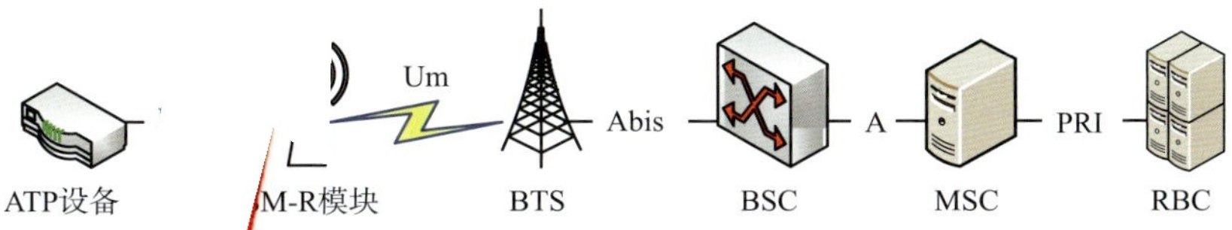

图 1-39 I_{gsm-r} 接口在网络中的位置

I_{gsm-r}接 主要分为车载设备及地面设备。车载设备包括车载采集单元、无 单元、供电单元，地面设备包括地面数据处理与存储单元、外部网 终端显示单元。

设备安装在动车组靠近车载ATP设备的地方。车载采集设备分别 个GSM-R模块I_{gsm-r}接口的双向所有数据包，并将获取的数据包 ，然后根据地面的需要打包，通过车-地GSM-R网络实现GPRS数 输，发送到指定的地面处理设备。无线传输单元负责传输I_{gsm-r}接口监测 据信息给地面服务器，无线传输通道采用铁路GPRS数据传输模式。由于其抢占信道级别比较低，即使在大面积推广使用I_{gsm-r}接口监测设备下载数据占用大量信道的情况下，是可以被优先级较高的呼叫或数据传输抢占该信道的，保证了铁路通信网络既有重要业务的正常运行。断点续传技术也是无线传输单元的一个重要功能特性，模块 备软件自动检测数据收、发包的完整性，当呼叫记录的信息由于各 界原因没有传完时，会在下次进行续传。供电单元结合实 电情况，专门定制一款符合I_{gsm-r}接口监测设备的 门槛防止电源短路导致的影响，设计增加二极管、空气开关以及看门狗电路等，保证I_{gsm-r}接口设备电源的正常供给和对源路的自保护等。

地面设备是整个I_{gsm-r}接口监测的核心部分。车上设备传来的数据包，要经过地面服务器解压、解码、处理，直至送达到客户端显示界面上。具体包括以下几部分。

（1）服务器数据处理软件担负着整个原始数据的处理，该服务器数据处理进程对车载设备采集到的I_{gsm-r}接口数据进行处理、筛选和分析，并分类存储到数据库表中。

（2）GPRS网关是连接GGSN与I_{gsm-r}接口地面设备的一个“闸门”，网络传输的I_{gsm-r}接口信息以文件传输协议（FTP）的形式下载到地面服务器上，同时地面下发的命令也要通过该网关设备发送给无线网络，再由无线网络寻址等方式找到车载I_{gsm-r}接口的无线传输单元。

（3）客户端软件具有实时显示和历史数据查询功能，以及分类导出、筛选数据的能力，通过终端软件实现对I_{gsm-r}接口数据的下载任务，存储形式位置等操作。

2. Um接口监测

CTCS-3 级列控系统的车-地数据传输涉及多个设备及接口，完善的接口监测系统可以为CTCS-3 线路的运营维护、故障分析等提供详细的数据支撑。

GSM-R网络Um接口监测子系统通过对列控车载设备Um接口进行实时监测，获取车载设备与GSM-R网络交互的信令和车-地通信数据包，为列控系统运营维护和无线超时故障分析提供详细的数据支撑和依据。Um接口监测系统可以对CTCS-3应用数据进行监测，获取车载模块与无线网络交互的业务数据，提供通信超时故障发生时无线接口处CTCS-3列控数据的收发记录，与其他接口数据进行对比分析，以定位故障位置；监测CTCS-3车载无线通信终端的工作情况，监测分析其收发数据是否正确、与无线网络的交互过程是否正确。

CTCS-3车载设备与RBC之间交互的数据均通过无线信号的收发完成。Um接口监测子系统通过在高速综合检测列车车顶（靠近ATP的位置）设置独立监测天线，接收列控车载设备车-地间相互发送的无线电波，并对抓取到的无线电波感应信号进行同步、解调、解码等，得到车载设备与GSM-R网络交互的信令和应用数据。Um接口监测子系统结构如图1-40所示。

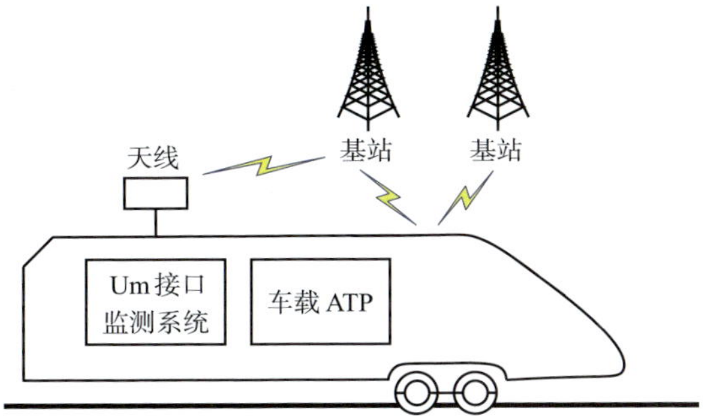

图 1-40　Um 接口监测子系统结构

Um接口监测子系统由Um监测接收前端、预处理器、处理和存储中心、操作终端、以太网交换机、天馈系统组成，系统组成如图1-41所示。

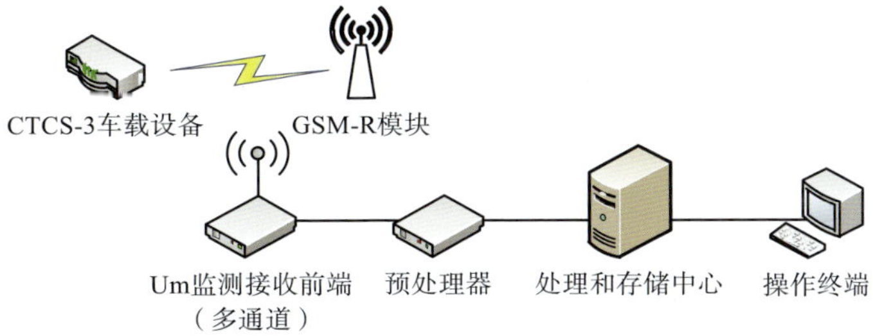

图 1-41　Um 接口监测子系统组成

Um接口监测子系统各组成部分功能为：CTCS-3车载设备与网络BTS之间收发的无线电波被安装在附近的天线获取，产生感应信号，送往Um监测接收机。Um监测接收机接收到信号以后，完成数据的还原工作，获得无线电波上携带的原始数据，这些数据具有速度快、数据量大的特点。预处理器负责将接收机发送过来的大量原始数据进行数据清洗，提取有用数据以缩减数据量。处理和存储中心将对预处理器输出的数据进行进一步处理，并与时间戳、距离、速度等信息绑定，同时进行本地存储、发送给操作终端显示、复制并发送给其他设备共享等操作。操作终端用于实时查看、历史查询。

第2章　信号检测系统

信号检测系统主要由轨道电路检测子系统、牵引回流检测子系统、补偿电容检测子系统、应答器检测子系统、ATP监测子系统、Um接口监测子系统等组成。

2.1　检测项目及原理

鉴于信号检测系统安装于综合检测车和电务检测车上，不同类型车检测项目略有不同，以综合检测车装备的轨道电路检测、补偿电容检测、牵引回流检测、应答器检测、ATP监测和Um接口监测六个子系统为例进行介绍。信号检测系统总体框架如图2-1所示，另附车底设备安装如图2-2所示。

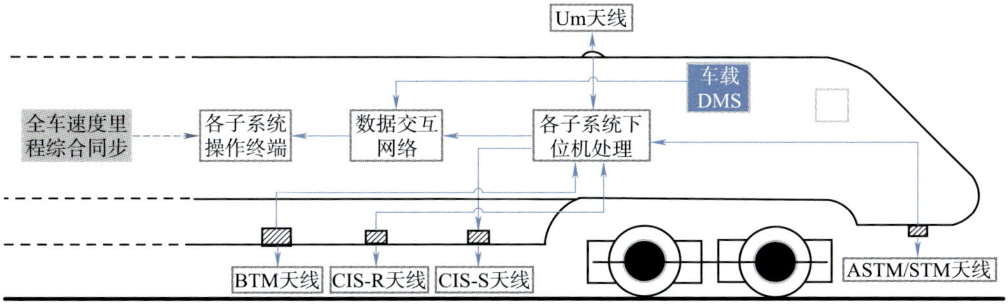

图 2-1　信号检测系统总体框架

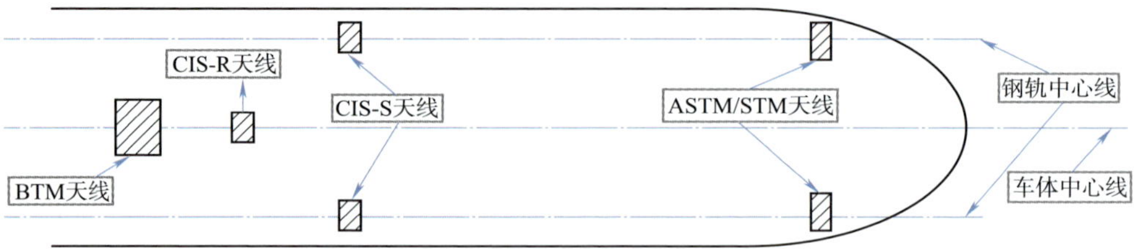

图 2-2　车底设备安装示意

信号检测系统的基本工作原理为：在检测车上安装数据采集传感器，将采集到信号通过带通滤波、有效值转换、电平变换等电路，最终转换成适合数据处理芯片采集的信号，进行数字滤波，形成信号包络，分别利用频域、时域分析技术对感应信号进行数字处理，计算出信号的成分信息，将处理结果通过数据交换机提供给检测系统，供检测系统显示、统计、存储。

2.1.1　轨道电路检测

轨道电路检测子系统由轨道电路检测天线（STM天线）、STM接线盒、轨道电路接收处理机和数据交换设备等构成，如图2-3所示。

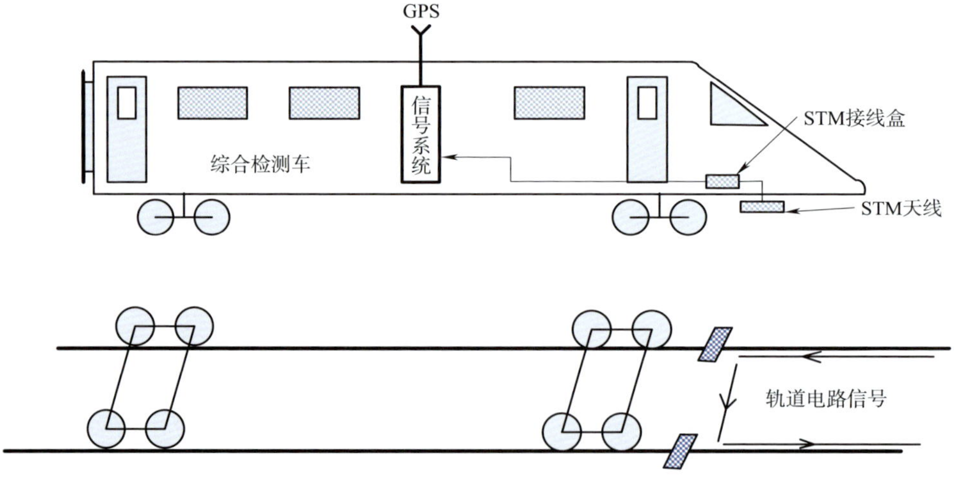

图 2-3　轨道电路检测子系统组成

检测车行进过程中，轨道电路被列车第一轮对分路，其分路电流信号被STM天线接收形成感应信号，通过信号电缆送入检测系统轨道电路接收处理机，轨道电路接收处理机对信号进行解析处理，处理结果通过数据交换机提供给综合检测系统，进行显示、统计、分析和存储，系统结构图如图2-4所示。

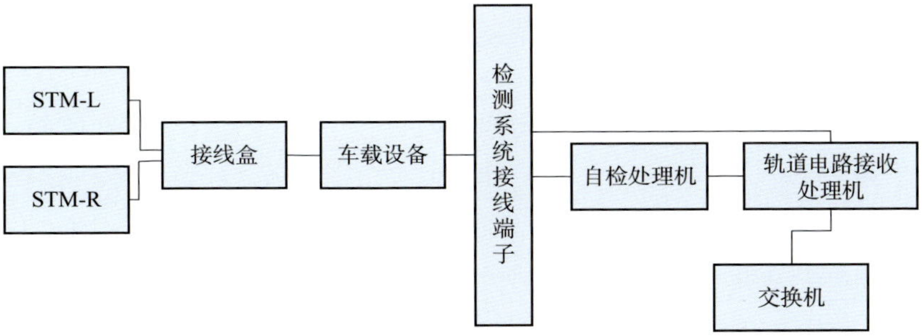

图 2-4　轨道电路检测子系统结构

STM天线通过电磁感应接收轨道电路钢轨中传输的电流信号，并转换成频率特征相同的感应电压信号，通过与系统相连接的信号电缆供给检测系统。STM天线中的感应电动势有效值E_{rms}可按式（2-1）计算。

$$E_{rms}=\mu \cdot N \cdot f \cdot B_{pk} \cdot A_{\varepsilon} \quad (2\text{-}1)$$

式中，μ为常数；N为线圈圈数；f为电流信号的频率；B_{pk}为磁场强度变化率；A_{ε}为磁路截面面积。

μ由STM天线的安装高度确定，当STM天线安装完毕后，以上参数均为固定值，E_{rms}仅与轨道电路短路电流值及电流信号的频率有关。STM大线的频率响应见表2-1。

表 2-1　STM 天线的频率响应

频率 /Hz	1 700	2 000	2 300	2 600
钢轨短路电流 /mA	310	275	255	235
接收电压 /mV	（100±7.5）%	（100±7.5）%	（100±7.5）%	（100±7.5）%

信号检测系统通过带通滤波、有效值转换和电平变换等数字信号处理手段对采集的信号进行解析处理，并进行数字滤波，得到主信号、邻线和

邻区段干扰等不同频率信号的包络。进而，利用频域分析技术对主信号进行数字处理，计算出信号的载频、低频、细化谱和主要成分幅值等信息。轨道电路动态检测系统检测参数及需达到的技术指标见表2-2。

表 2-2　轨道电路动态检测系统技术指标

轨道电路检测参数	测量范围	允许误差
载频/Hz	0～3 000	±0.1
低频/Hz	0～30	±0.02
谐波/kHz	0～10	—
响应时间/ms	—	＜200
信号采样频率/kHz	—	＞20
轨道电压（绝对值）/mV	—	≤（2±2%×示值）

轨道电路检测软件接收综合系统发送的时间、里程和速度信息，加入到系统，对信号机位置和调谐区位置进行定位和校核。轨道电路检测程序流程图如图2-5所示。

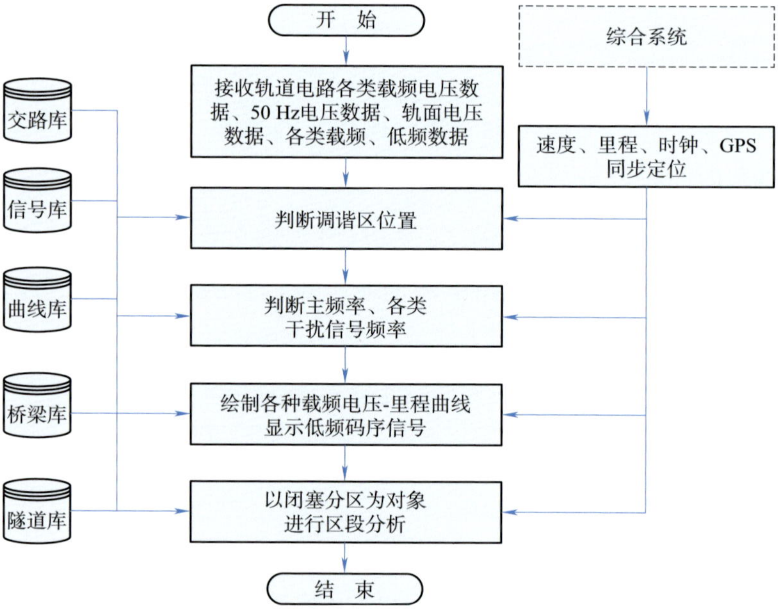

图 2-5　轨道电路检测程序流程

2.1.2 牵引回流检测

牵引回流检测子系统由牵引回流检测天线（ASTM天线）、ASTM接线盒、牵引回流采集处理机、数据交换机和工控计算机等构成，牵引回流动态检测系统设备分布及系统结构如图2-6和图2-7所示。

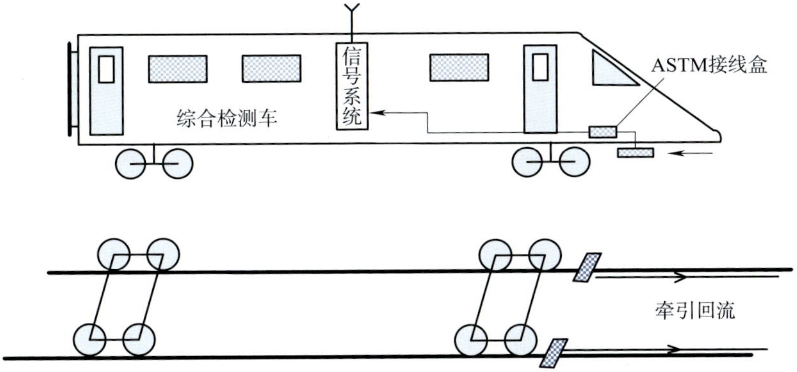

图 2-6 牵引回流检测子系统组成

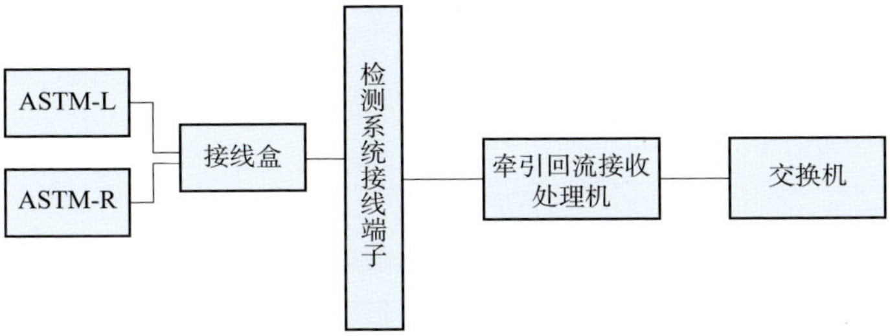

图 2-7 牵引回流检测子系统结构

左右两条钢轨上的牵引回流分别由ASTM天线接收，ASTM天线接收的两路信号通过电缆和相关接线端子接入到牵引回流采集处理机。牵引回流采集处理机分别对两路信号进行模数转换，形成可以被计算机处理的数据。数据通过高速串行通信接口送入机箱内的嵌入式计算机，由嵌入式计算机对数据进行处理，分别计算出两条钢轨上的牵引电流幅值和电流谐波成分等信息，并将这些处理结果数据通过数据交换机上传到牵引回流检测子系统工控计算机。计算机将牵引回流信息结合综合数据进行综合运算完成牵引回流、牵引回流不平衡率和牵引回流谐波等指标的显示、分析、存储和统计。

牵引回流检测软件程序流程如图2-8所示。

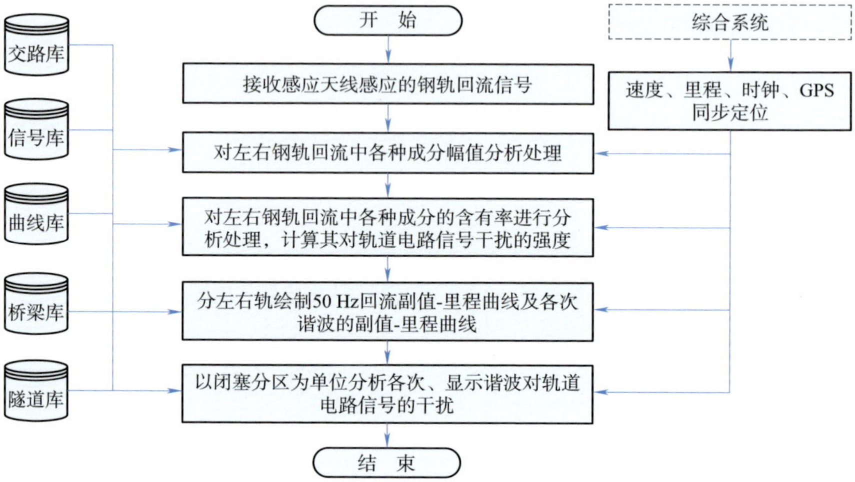

图 2-8　牵引回流检测程序流程

2.1.3　补偿电容检测

补偿电容检测子系统由补偿电容采集处理机、高频功率信号源、补偿电容发射天线（CIS-S）和补偿电容接收天线（CTS-R）等设备构成，设备布置如图2-9所示。

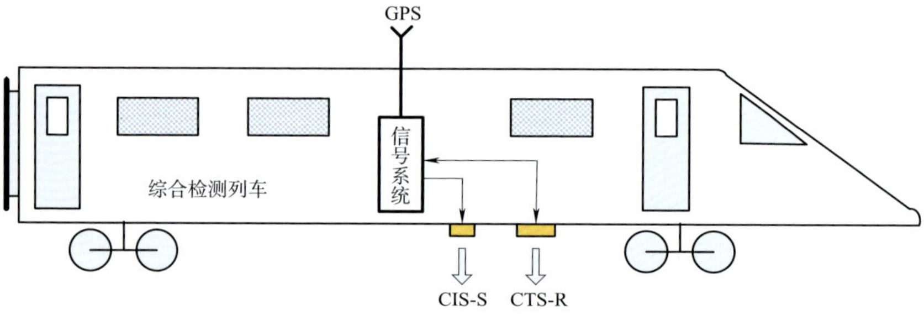

图 2-9　补偿电容检测子系统设备布置

当检测列车压接左右两根钢轨时，两根钢轨和列车前后两组轮对组成一个环路，环路路径为：钢轨—车轮—车轴—车轮—钢轨—车轮—车轴—车轮—钢轨。在这个环路中，电容并接在两根钢轨中间，改变了钢轨-轮对环路中的容抗。由于平均每70 m设置一个电容，当列车沿钢轨方向行进时，相对列车而言，电容周期性出现钢轨-轮对环路中，沿钢轨方向的特征值为电容和道床阻抗。

如图2-10所示，当列车沿钢轨方向运行时，向轨面持续辐射特定频率的电磁场，使钢轨-轮对环路内形成感应电流，该感应电流形成次生电磁场；当列车经过电容位置时，由于电容的存在使钢轨-轮对环路的容抗发生改变，钢轨-轮对环路内的感应电流随之发生改变，从而次生电磁场发生变化；当列车远离电容位置时，钢轨-轮对环路恢复原有阻抗特性，电磁场以及次生电磁场恢复原有状态。列车经过电容位置时，通过对次生电磁场的变化进行检测，即可判断补偿电容的工作状态。

当某处补偿电容激励信号幅度低于1/2倍该区段补偿电容峰值时，认为该处补偿电容缺失。补偿电容判别流程，如图2-11所示。

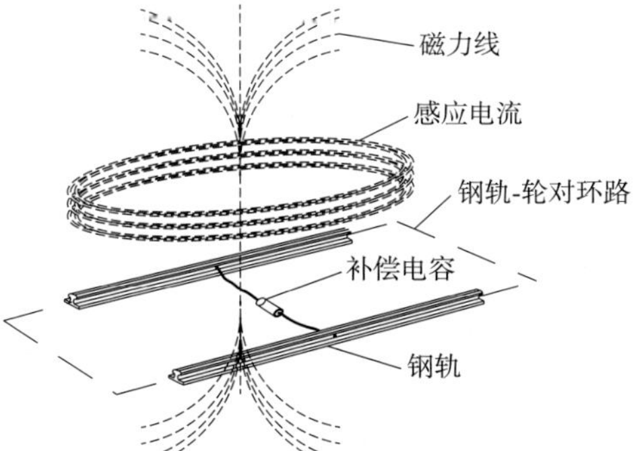

图 2-10　补偿电容检测原理

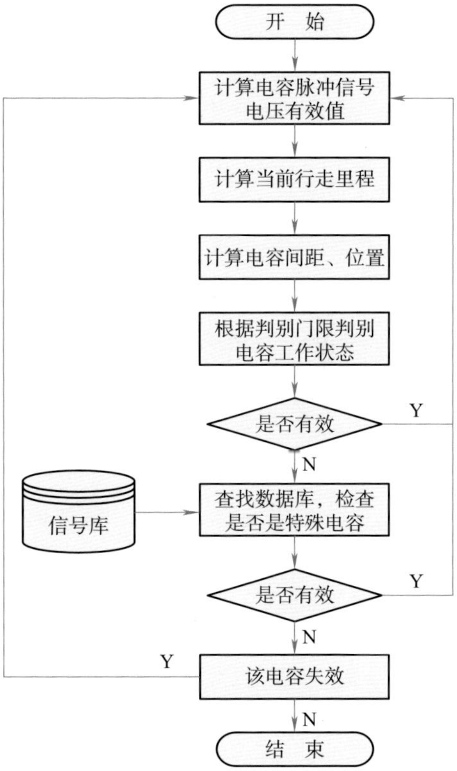

图 2-11　补偿电容工作状态判别流程

2.1.4 应答器检测

应答器检测子系统由车载应答器读取设备（BTM主机）、应答器数据天线（BTM-D）、应答器信号接收天线（BTM-T）、应答器接收处理机、高速数据采集处理卡和工业计算机等构成，可实现在车载BTM-D天线通过地面应答器有效范围的瞬间向地面应答器发送能量信号，地面应答器收到能量信号并被激活，对外发送由报文信息调制的FSK射频调制信号。BTM-T天线接收FSK射频调制信号，并由应答器接收处理机对该信号进行处理，最终获得应答器报文等信息。应答器检测子系统主要实现以下功能：应答器位置测试功能，应答器报文解析、比对和分析功能，应答器报文误码率和误码分部测试分析功能，应答器上行链路信号强度、功率、作用范围和频谱特性测试功能。系统结构如图2-12所示。

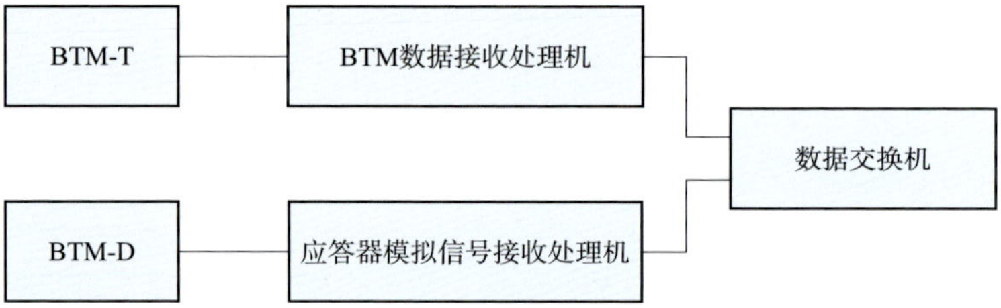

图 2-12 应答器检测子系统结构

应答器信号上边频、下边频、信号强度，以及报文、报文误码率和有效接收报文数量等信息上传到信号检测系统，检测系统显示界面对应答器报文链接关系如图2-13和图2-14所示分析，并将应答器检测的各项数据结合综合信息进行显示、存储、分析和统计。

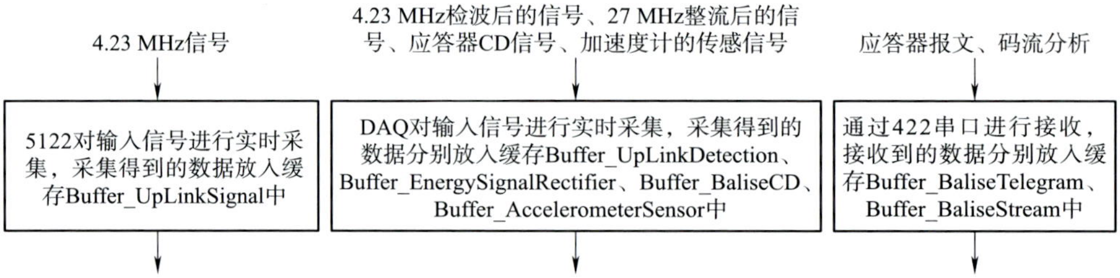

图 2-13 数据采集流程

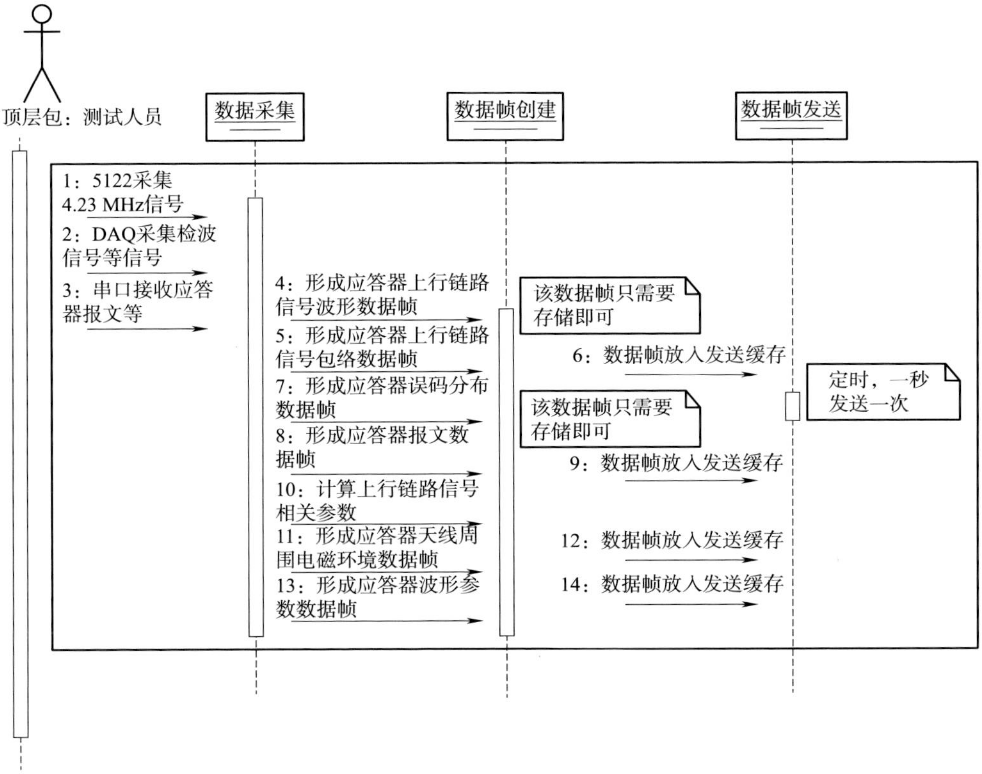

图 2-14　线程的时间顺序

2.1.5　ATP监测

ATP监测子系统实时监测记录车载ATP信息包括列车运行速度、EB速度、NB速度、位置、时间、工作模式、制动输出信息、轨道电路信息、应答器信息、司机操作信息和故障报警信息等，并实时统计分析各类故障事件或者报警事件，系统结构如图2-15所示。

系统必须在车载ATP开机的前提下才能够记录车载数据，可辅助分析轨道电路和应答器问题。因此，要保证系统与车载的通道稳定，需根据数据分析系统工作的情况。

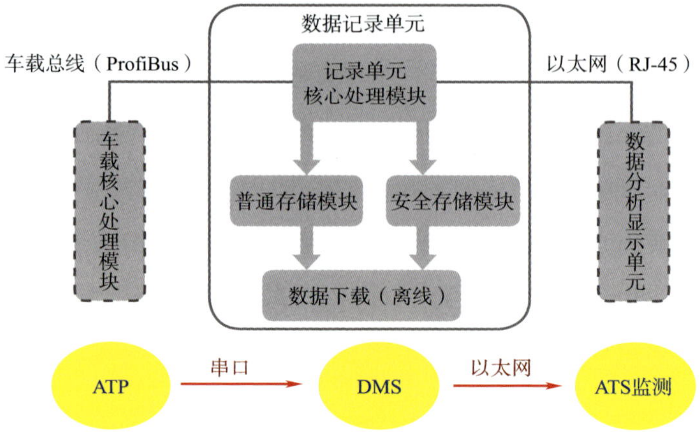

图 2-15　ATP 监测子系统结构

2.1.6　Um接口监测

Um接口监测系统基于软件无线电平台，通过在动车组车顶（靠近ATP的位置）独立设置天线，接收GSM-R网络Um接口的空中电波信号，对信号进行同步、解调、解码等过程，得到车载设备与GSM-R网络交互的信令和CTCS-3级数据包，对这些数据进行分析、显示和保存，以达到对列车运行过程的监测功能，能为列控系统运营维护和无线超时故障分析提供详细的数据支撑和依据，系统结构如图2-16所示。

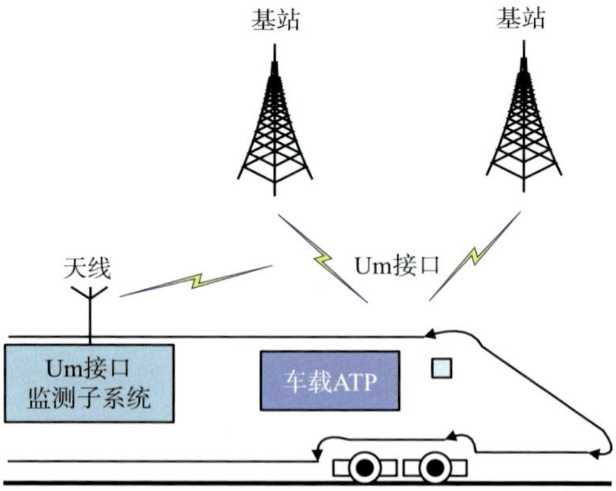

图 2-16　Um 接口监测子系统结构

Um接口监测子系统包含车顶天线、采集处理设备和数据分析系统，系统组成如图2-17所示。

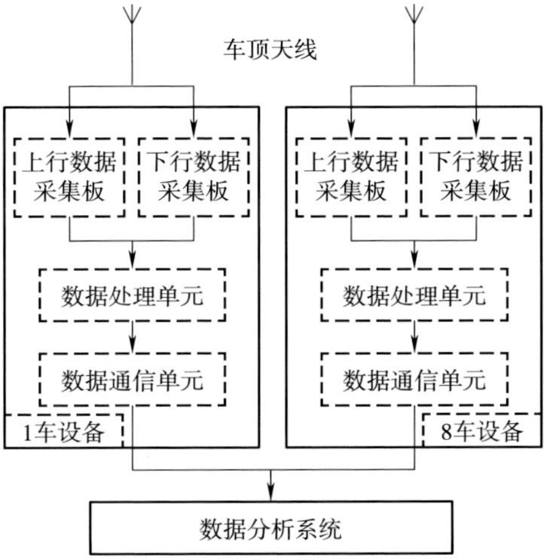

图 2-17　Um 接口监测子系统组成

车载ATP系统与数据记录单元之间按照《CTCS-3级列控系统车载设备司法记录器数据接口规范》约定的协议进行通信。数据记录单元与数据分析显示单元使用标准的TCP/IP协议，按照应用层消息格式通信。

数据记录单元以现有JRU功能为基础，通过增加接口板卡，扩展软件功能方式实现升级，主要实现ATP数据读取、ATP数据本地存储、ATP数据转发等功能。

数据分析及显示单元通过以太网方式获取来自数据记录单元转发的ATP数据，对其进行分析，对数据进行分类整理，以时间或坐标为顺序实现信息的连续显示。

2.1.7　技术指标

信号检测系统各检测项目应满足表2-3技术指标。

表 2-3　信号检测系统技术指标

检测内容		测量范围	测量误差
应答器检测	报文	记录、分析	
	上行链路信号	记录、分析	
轨道电路检测	信号载频/Hz	0～3 000	±0.1
	调制频率/Hz	0～30	±0.02
	信号幅度	—	≤（2 mV±2%×示值）
	邻区段、邻线信号干扰	—	≤（2 mV±2%×示值）
补偿电容检测	检测正确率	—	>98%
牵引回流检测	钢轨回流/A	0～300	≤（1 A±2%×示值）
	不平衡率	—	
ATP接口监测	人机接口信息	记录、分析	
	车载ATP输入信息	记录、分析	
	车载ATP关键输出信息	记录、分析	
	车载ATP运行状态	记录、分析	
Um接口监测	对CTCS-3应用数据进行监测，获取车载模块与无线网络交互的业务数据；监测CTCS-3车载无线通信终端收发数据是否正确，与无线网络的交互过程是否正确	频率范围： 880～915 MHz 925～960 MHz 强度范围： -100～0 dBm	应用数据监测误帧率 <0.01%

2.2　系统架构

信号检测系统根据厂家不同型号有所不同，本书主要针对北京铁科英迈技术有限公司生产的SIAS-1型信号检测系统进行分析。

SIAS-1型信号检测系统实现对CTCS-3级列控（兼容CTCS-2级）车载和地面信号设备工作状态的实时测试和实时分析诊断功能，对检测数据对比分析、历史分析和关联分析等综合并智能融合分析处理功能，以及对检测数据分类存储、统计、查询和回放等管理功能。

SIAS-1型信号检测系统包含轨道电路检测子系统、牵引回流检测子系统、补偿电容检测子系统、应答器检测子系统、ATP监测子系统、Um接口监测子系统、同步里程子系统和检测综合分析子系统等构成。系统结构如图2-18和图2-19所示。

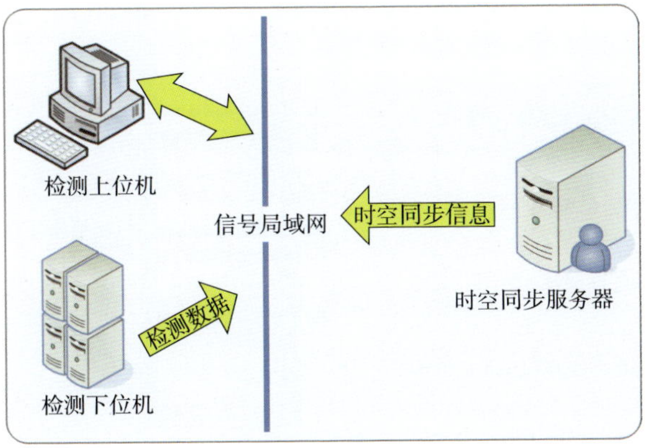

图 2-18 SAIS-1 型信号检测系统结构

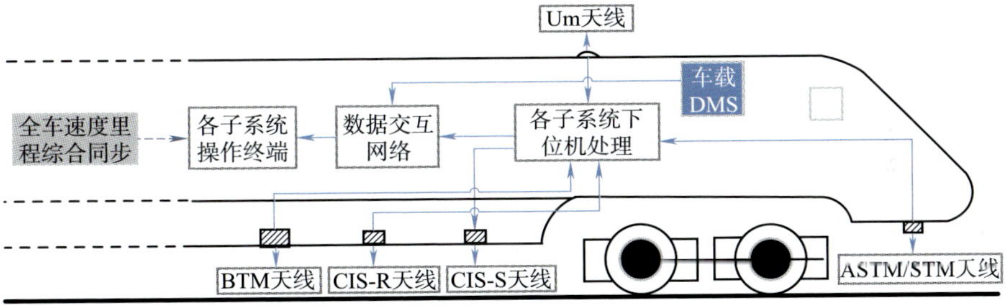

图 2-19 SAIS-1 型信号检测系统结构

2.3 硬件构成

2.3.1 机柜布置

SIAS-1型信号检测系统配置机柜按照01车、00车和操作车分布，主要由轨道电路检测子系统、牵引回流检测子系统、补偿电容检测子系统、

ATP监测子系统、同步里程子系统及Um接口监测等子系统构成。因各车检测系统安装布局不同，实际会有所差异，以CRH380AJ-0202车为参照示例车。

CRH380AJ-0202车1号车2号机柜布置，如图2-20所示。

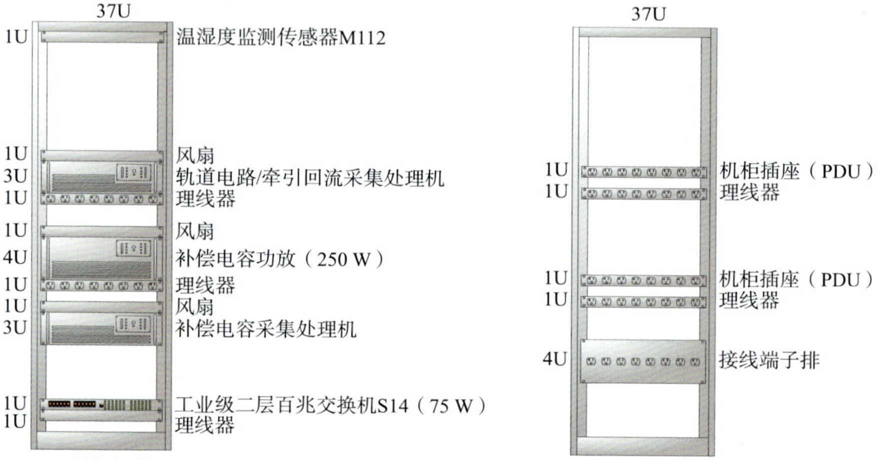

(a) 2号机柜前面　(b) 2号机柜背面

图 2-20　2 号机柜检测系统设备布置

CRH380AJ-0202车1号车3号机柜内接线，如图2-21所示。

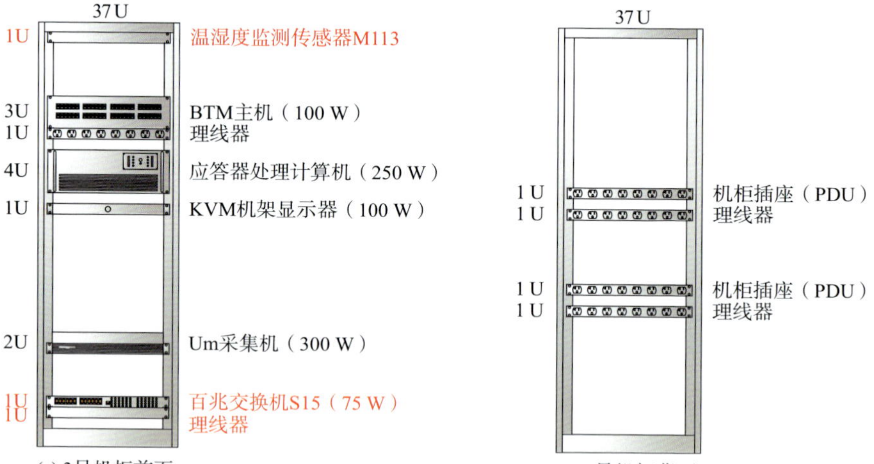

(a) 3号机柜前面　(b) 3号机柜背面

图 2-21　3 号机柜检测系统机柜设备布置

CRH380AJ-0202车3号车为信号检测系统操作车，部分车辆信号检测系统操作车与设备车01和00车在一起两端独立操作，具体以实车为准。12号机柜安装有信号检测系统上位机处理设备，自上至下依次为信号检测主机、ATP监测主机、KVM切换器、里程同步主机和接口监测主机，分别对应的显示器为自靠近机柜的显示器至远离位置，共5台显示器，操作车机柜如图2-22所示。

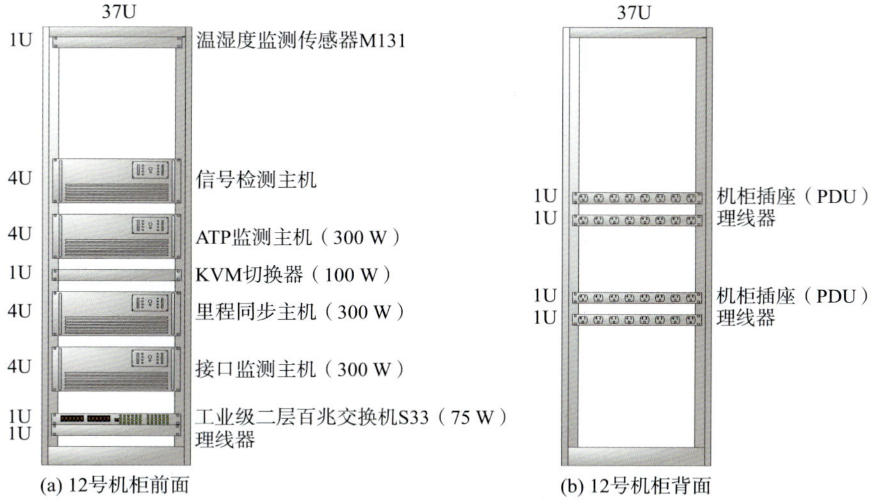

图 2-22　12 号机柜检测系统机柜设备布置

2.3.2　传感器布置

SIAS-1型信号检测系统检测传感器布置汇总见表2-4。

表 2-4　信号检测系统检测传感器布置汇总

车厢号	名称及型号	数量	安装位置	质量 /kg
01车	轨道电路检测天线	2	车下第一轮对前，车载TCR天线前	12.0
	补偿电容发射天线	2	车下一二位转向架之间，钢轨正上方	5.0
	补偿电容接收天线	1	车下一二位转向架之间，车体中心线位置	5.0
	应答器检测天线	1	车下2位转向架枕外，靠近2车位置	10

续表

车厢号	名称及型号	数量	安装位置	质量/kg
01车	Um天线	1	车载4、5号天线之间，从2号车数第4个	1.1
00车	轨道电路检测天线	2	车下第一轮对前，车载TCR天线前	12.0
	补偿电容发射天线	2	车下一二位转向架之间，钢轨正上方	5.0
	补偿电容接收天线	1	车下一二位转向架之间，车体中心线位置	5.0
	应答器检测天线	1	车下2位转向架枕外，靠近2车位置	10
	Um天线	1	车载4、5号天线之间，从7号车数第4个	1.1

1. 轨道电路检测天线

轨道电路检测天线将轨道电路检测天线和牵引回流检测天线合二为一。ASTM&STM天线安装在车体下第一轮对前，通过M20×120A2-70的螺栓按150 N·m扭矩可靠固定在车体专门设计的安装架上，天线距离其他天线间距应不小于50 mm，具体实物如图2-23红色箭头所指位置，图2-24为轨道电路接线盒。

图 2-23　轨道电路检测天线

图 2-24　轨道电路接线盒

2. 补偿电容检测天线

补偿电容发射天线安装于01车、00车设备仓内钢轨正上方，天线中心点与钢轨水平中心对齐，线圈底部距离钢轨面距离220 mm。补偿电容接收天线安装在轨道正上方车体中间位置，距离220 mm，距发射天线中心的水平距离为2 700～3 300 mm。

补偿电容检测天线均安装于玻璃钢底板上，补偿电容检测天线通过M8螺栓与底板固定，防松脱改造后为M10螺栓，安装后如图2-25所示。

图 2-25 补偿电容检测天线

3. 应答器检测天线

应答器检测天线安装于01和00车车下，远离司机室的转向架枕外位置。应答器检测天线具体尺寸为长490 mm×宽400 mm×高120 mm，其质量约10 kg，如图2-26所示。

应答器检测天线采用横向安装，01和00车列车接口相同，动车组提供安装支架，天线吊架可伸缩（向上30 mm，向下10 mm），安装完成后如图2-27所示。采用M8的防松螺栓与支架金属板相连接（防松脱改造后螺栓为M10，设备安装孔也相应变化），螺栓扭矩为30 N · m。

天线线缆外面采用尼龙护管，自天线至上线空位置，尼龙护管内含金属网，防止干扰信号进入线缆。

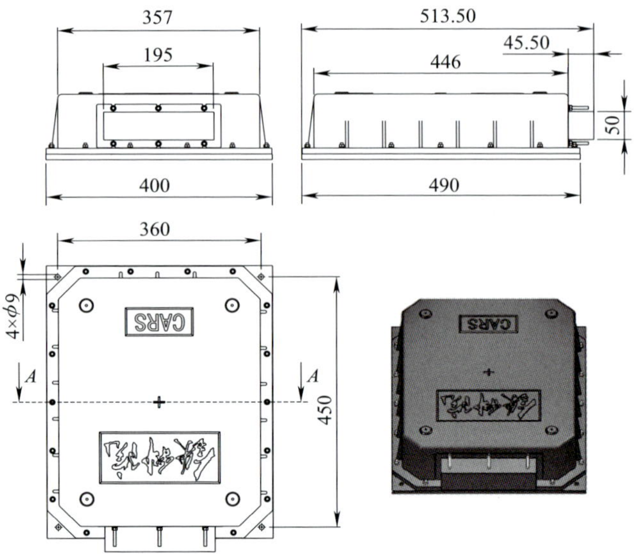

图 2-26　应答器检测天线尺寸（单位：mm）

图 2-27　应答器检测天线安装

4. Um监测设备

Um天线安装于01和00车车顶，车载3和4天线之间中轴线上，只接收不发射，频率范围870～960 MHz，具体如图2-28所示。天线采用图2-29所示安装方式。车顶天线有4个安装孔，分别用M8 A2-70螺丝进行固定，扭矩为20～21 N · m。在螺帽处用防水胶做防水处理。该天线采用流线型设计，有效降低前向风阻。该类天线在国内动车上大量采用。

图 2-28　Um 天线（红色箭头处）

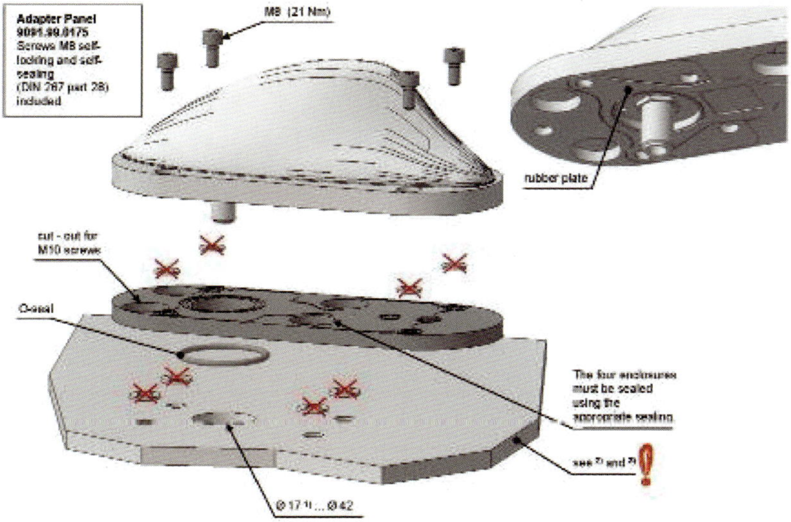

图 2-29　Um 天线安装方式

Um天线馈线采用主用馈线+转接线的连接方式，每根馈线从天线连接处起到机柜的长度不能超过15 m。

主用馈线的外径为15.7 mm，弯曲半径为125 mm。

转接线长度为500 mm，外径为10.84 mm，弯曲半径为40 mm。

用于连接2根馈线的转接头为N型头，外径为22.5 mm。

在馈线布线完成后，馈线与天线的接口处应向上提起不小于150 mm。

5. ATP监测测点

ATP监测子系统以CTCS-3级列控车载ATP系统为检测对象，通过现场总线（ProfiBus）获取车载设备的状态数据和运行数据等关键数据，并通过在线的方式，将数据传递给信号检测系统数据接口设备。利用采集到的数据，进行集中的数据存储、分析和实时显示。借助数据转发接口，实现车载设备ProfiBus总线上的数据向外部转发。数据转发接口采用标准的RJ-45接口，使用TCP/IP协议（部分型号ATP接口为串行数据），如图2-30所示。

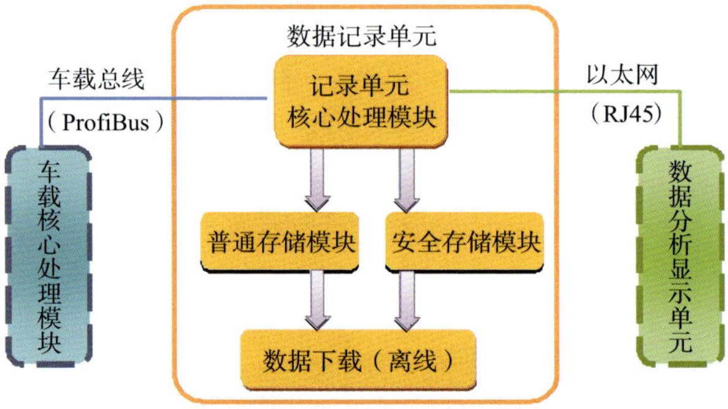

图 2-30　ATP 测点布置

2.3.3　接线布置

SIAS-1型信号检测系统布线查阅附件“信号检测系统布线表”。

2.4　软件组成

2.4.1　应答器检测子系统

应答器综合处理软件界面及具体功能如图2-31所示。

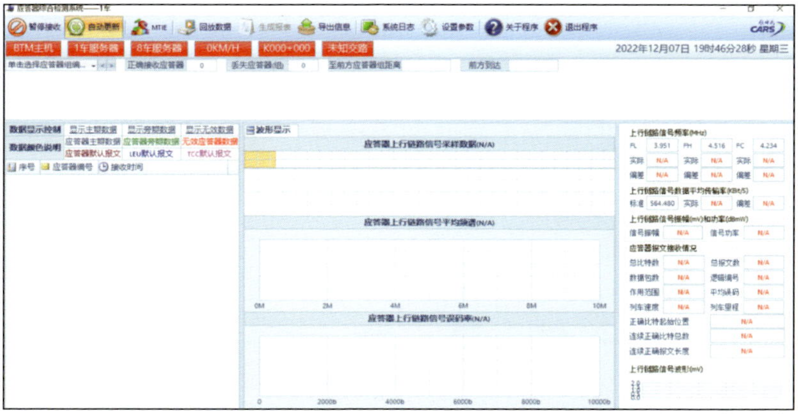

图 2-31 应答器综合检测分析软件界面

1. 通信参数自动设置功能

支持自动设置与服务器通信的本机IP与服务器IP地址，现场人员按照此值设置相应的服务器与本机IP即可。具体参数设置如图2-32所示。

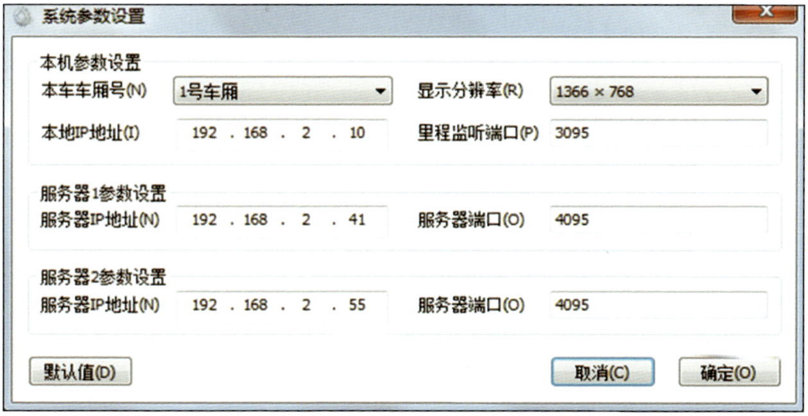

图 2-32 参数设置对话框

2. 状态信息显示功能

（1）通信状态显示

BTM主机变为绿色，说明软件与BTM主机通信正常，1车服务器及8车服务器变为绿色，说明与服务器通信正常，列车运行参数变为绿色，显示列车的速度、公里标及交路信息。

（2）其余状态信息显示

自动显示实时监测数据BTM主机工作状态、目前列车运行的速度、里程和线路的名称目前的系统正确时间等信息。软件图像显示区上方的应答器链接显示区，显示应答器的链接关系，同时还能查看应答器的正确接收数目、丢失数目等信息，如图2-33所示。

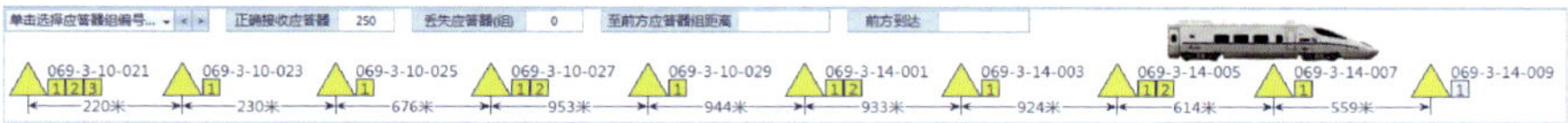

图 2-33　应答器链接关系

3. MTIE图像显示功能

支持绘制出当前应答器对应的MTIE1和MTIE2的图像(最开始会根据固定的基准数据提前绘制好基准图样)，如图2-34所示。程序正常工作后，每过一个应答器或是回放时点击列表框上的相应条目都会用蓝线根据实际情况绘制出实时图样，若有超标的现象则会做出提示，如图2-35所示。

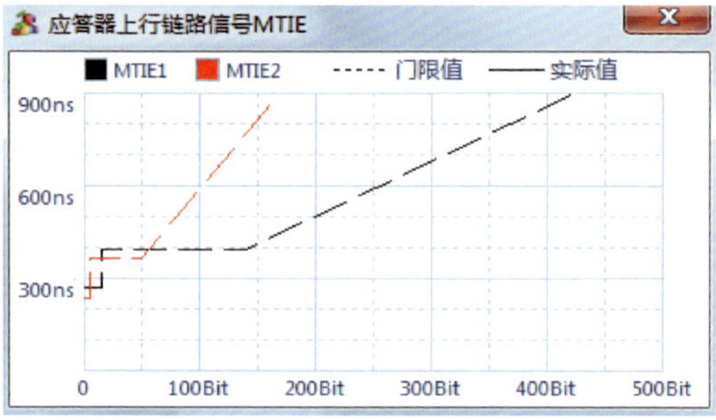

图 2-34　MTIE 基准图像显示

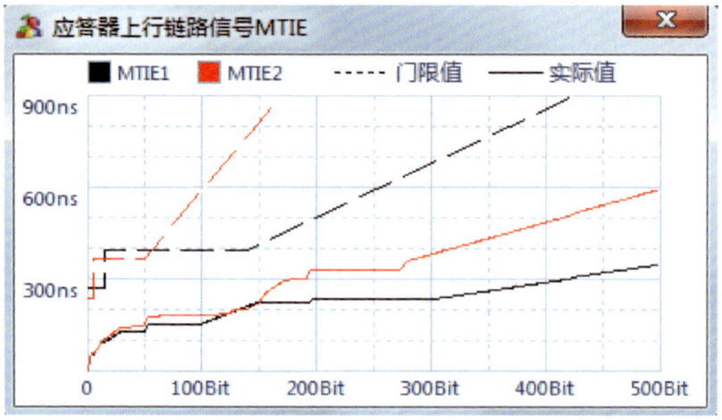

图 2-35　MTIE 实时图像显示

4. 数据储存与回放功能

（1）数据分类储存功能

支持使用系统日志和文本文件结合的方式分类来存储程序运行时采集的数据。主要的应答器指标和所有的报文、比特信息都会存在文本文件中。系统日志记录了系统的工作状态及报警信息。

（2）回放数据功能

支持回放数据，生成报表与导出信息。软件支持将本次试验的数据信息进行统计后生成Word文档，将当前应答器列表里的数据导出为CSV格式的表格。通过选择数据的起始序号与结束序号，可查看数据的基本参数，如图2-36所示。

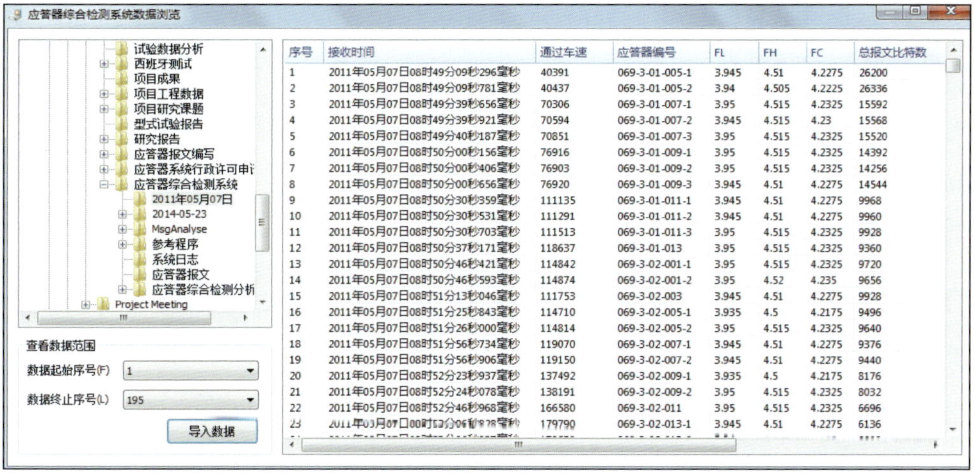

图 2-36 数据回放对话框

2.4.2 ATP监测子系统

ATP监测子系统通过TCP/IP协议接收DMS转发的车载JRU数据，能够对300T、400T、400H以及400C型ATP系统的CTCS-3 和CTCS-2 数据进行分析、显示和保存，以达到对列车运行过程的监测功能。ATP监测子系统界面如图2-37所示。

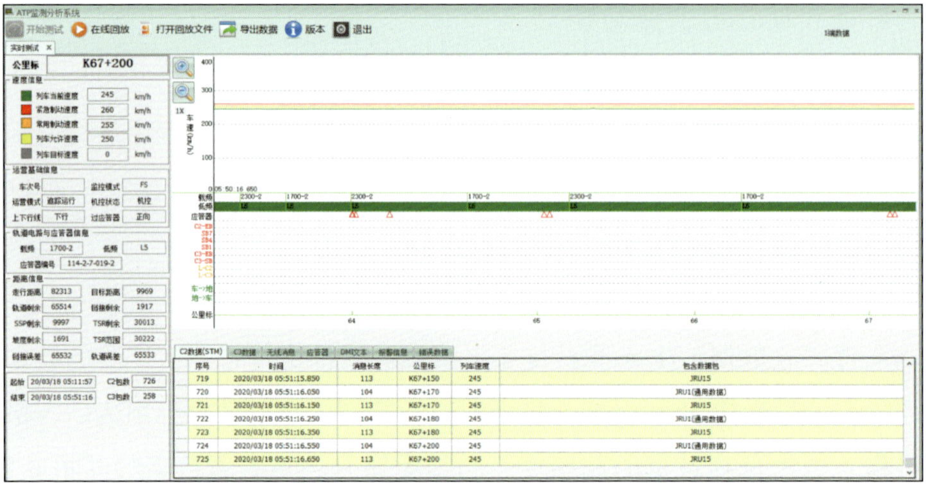

图 2-37　ATP 监测子系统软件界面

1. 系统配置功能

系统在开始运行前，根据ATP车载设备的类型，软件支持设置读取相应类型ATP 车载设备的参数。ATP车载设备类型包括300T、400T、400H以及400C型ATP。

2. 选端操作功能

系统在开始运行时，软件支持选择1端或8端的功能，并在程序界面上显示选端的结果。

3. 实时分析功能

系统通过接收DMS转发的JRU的数据，并对数据进行分析，将解析后的数据内容实时显示在程序界面上，实时监控列车运行状态。

4. 在线回放功能

当系统在实时测试时，具有在线回放的功能，对以前的数据进行在线回放。具有记录在线回放位置的功能，当再次在线回放分析时，应从上次分析的位置开始显示。

5. 自动报警功能

系统可以将ATP发生的异常或故障事件记录在表格中，进行自动报警，报警内容包含以下四类。

（1）CTCS-3制动信息。

（2）CTCS-3转CTCS-2降级运行。

（3）应答器组错误。

（4）无线消息错误。

6. 回放分析功能

（1）支持打开.dat格式的数据文件，并加载显示此文件的所有数据，进而对历史测试数据进行分析。

（2）具有自动回放的功能。

（3）具有表格、图形和文本区域联动分析的功能。

7. 数据保存功能

（1）系统以天为单位，按照时间命名建立新文件夹，将接收的数据分别保存在以时间命名的文件夹中，文件的命名应以数据类型（ATP）+检测车车号（CRH380BJ-0301）+具体日期（20160805）+顺序编号（从1开始递增编号）命名，具体命名如ATP_CRH380BJ-0301_20160805_1。

（2）系统将接收的数据保存为.dat和.txt两种格式的数据。

（3）系统将数据连接成功和断开状态保存在log文件中。

（4）系统以任务为单位分割保存的文件。

8. 数据导出功能

支持将表格中的C2数据、C3数据、无线消息、应答器、DMI文本以及报警信息等数据导出到Excel。需要说明的是，此功能只在回放分析时可以使用。

2.4.3 UM/I_{gsm-r}接口监测子系统

UM/I_{gsm-r}接口监测子系统用于进行Um和I_{gsm-r}接口的实时跟踪、数据查询、数据统计分析及故障分析等操作。UM/I_{gsm-r}接口监测子系统软件界面如图2-38所示。

图 2-38 UM/I_{gsm-r} 接口监测子系统软件主界面

1. 配置管理功能

（1）数据库服务器配置

支持配置空口监测系统软件使用的数据库、处理服务器（程序首次部署后进行配置，为一次性配置）。

（2）线路、基站、应答器信息配置

支持配置线路信息、基站信息、应答器信息配置，根据检测任务需要配置，配置一次后将保存到数据库中，之后可直接选择。

（3）文件保存路径配置

支持设置保存采集到的数据文件的本地路径，程序首次部署后进行配置，后续使用过程中可根据需要修改。

2. 实时跟踪及回放功能

（1）实时监测

支持实时跟踪车载Um和I_{gsm-r}口数据并进行多角度展示。

（2）检测任务数据回放

支持回放已执行的检测任务的数据，能够回放显示实时跟踪过程中的测量报告、场强及数据，如图2-39所示。

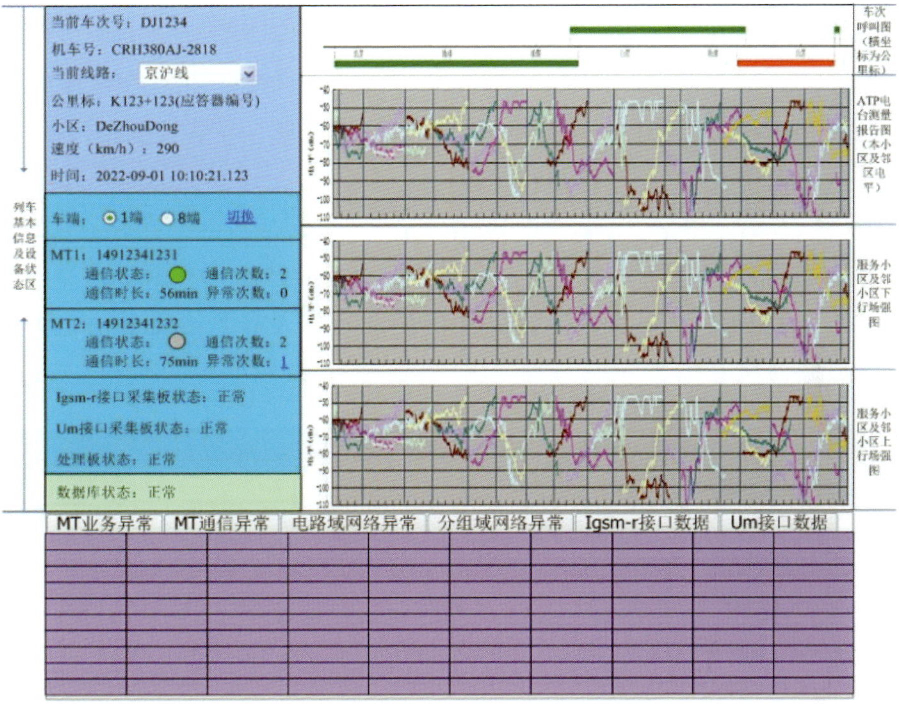

图 2-39　UM/Igsmr 接口监测子系统实时跟踪及回放功能界面

3. 电路域数据查询功能

支持查询Um接口电路域的信令和业务数据信息、测量报告信息、切换信息、呼叫记录信息、频点信号强度信息。

4. 分组域数据查询功能

支持查询Um接口分组域的信令和业务数据信息、通信记录、网络事件、网络异常信息、业务异常信息、ATO业务数据信息。

5. 场强查询功能

支持查询Um接口GSM下行频段的ATO业务数据信息、扫频数据信息。

6. I_{gsm-r}接口数据查询功能

支持查询I_{gsm-r}接口的呼叫记录信息、信令及业务数据。

7. 分组域统计分析功能

支持统计Um接口分组域的调度命令数据、进路预告数据、应用数据误码率、GPRS附着成功率、PDP激活成功率、路由区更新成功率、GPRS业务流量、GPRS平均速率、GPRS峰值速率、网络异常信息、业务数据重传率信息。

2.4.4　同步里程子系统

同步里程子系统软件主界面如图2-40所示，包括数据接收、发送及相关数据源配置选项，数据源优先级，当前使用数据及各数据源状态。具体功能如下所述。

图 2-40　同步里程子系统软件主界面

1. 数据接收配置功能

支持对反射内存卡、串口、GPS、脉冲计数器、ATP（预留）、LKJ（预留）等定位数据源的配置参数设置，实时解析配置后的定位数据源定位信息，并可设置多源定位信息的优先级，按优先级高低输出定位信息。

2. 数据发送配置功能

支持对发送数据进行设置，包括发送对象、发送方式以及相关参数配置，保证数据接收对象能按照规定的协议接收到相应的同步定位数据。

3. 手动配置功能

支持手动输入校准公里标、线路名、行别等信息，对当前输出信息进行校准。对当前公里标进行人工校准，输入校准里程后，对外输出的公里标以校准里程为准。

4. 数据信息解析功能

支持对当前定位数据源类型与状态、解析的定位数据、对外发送的定位数据等进行展示。数据源表示当前定位数据源的种类，从左往右，优先级依次降低。若数据源信息的状态为红色，表示当前数据源不可用；若为绿色，表示当前数据源可用。其他定位信息，不同类型数据源，解析的定位数据不一样，主要以里程和速度为主。数据信息解析界面如图2-41所示。

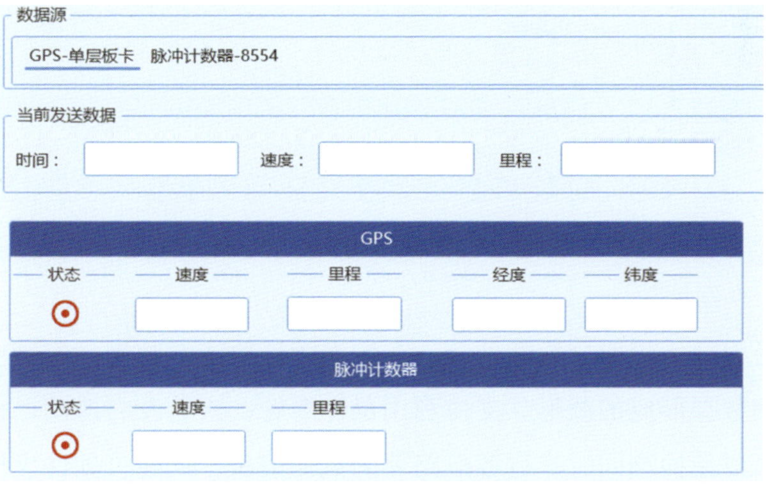

图 2-41 数据信息解析界面

2.4.5 数据综合分析处理子系统

数据综合分析处理子系统实时接收轨道电路检测子系统、补偿电容检测子系统、应答器检测子系统、牵引回流检测子系统、ATP检测子系统和综合同步系统的下位机采集的数据，然后按照相应协议实现对数据的解析、拟合及同步实时显示处理。由此为各检测车的检测人员提供检测依据。具体功能如下。

1. 实时检测功能

（1）开始检测

实时获取、展示并记录检测车对轨道检测运行的关键信息，对不符合实际情况的数据进行人工调整。数据综合分析处理子系统开始检测软件界面如图2-42所示。

图 2-42 数据综合分析处理子系统开始检测软件界面

（2）在线回放

支持将展示界面分为两部分，右侧继续接收实时数据，左侧可展示之前接收的数据形成的波形。支持利用鼠标滑轮，进行左右滑动已检测的曲线数据，以便检测同时进行各电路项的数据分析。同时，软件支持在检测过程中随时添加问题数据，新增、修改、删除相关信息。数据综合分析处理子系统在线回放软件界面如图2-43所示。

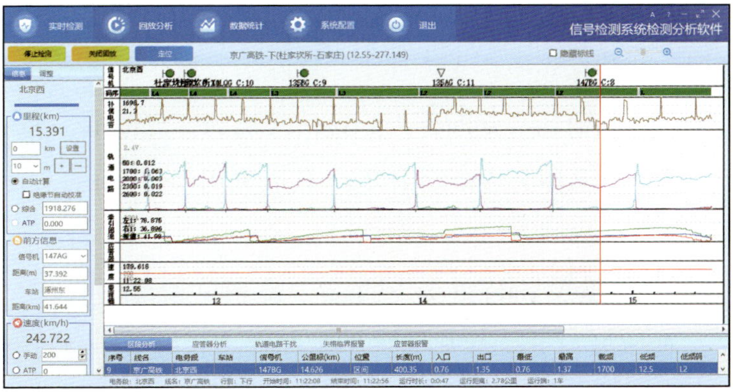

图 2-43　数据综合分析处理子系统在线回放软件界面

（3）信息与调节

支持显示历史数据对应的信息及对相应里程、速度、补偿电容进行调整。支持对轨道电路和牵引回流显示进行调节：下拉框可调节轨道电路或牵引回流的显示刻度值；各个复选框调节该数据对应的曲线显示与否。数据综合分析处理子系统参数调整界面如图2-44所示。

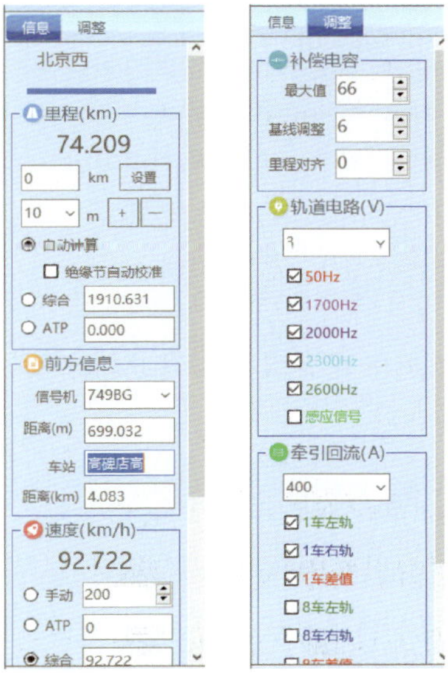

图 2-44　数据综合分析处理子系统参数调整界面

（4）打点

“在线回放”的状态下，支持移动、删除、记录GPS信息，可将此信号机的GPS信息记录到数据库中；支持移动、删除信号机。下次实时测试时，程序根据接收到的GPS信息，判断是否到达信号机的打点范围，如果到达绘制信号机，可在信号机名称旁边绘制字母g，代表利用GPS信息打点此信号机。

（5）定位

支持输入需要定位的公里标，自动定位到已检测的目标公里标，如图2-45所示。如当前打开的波形文件中不存在用户输入的待定位公里标位置，系统会提示无法定位。

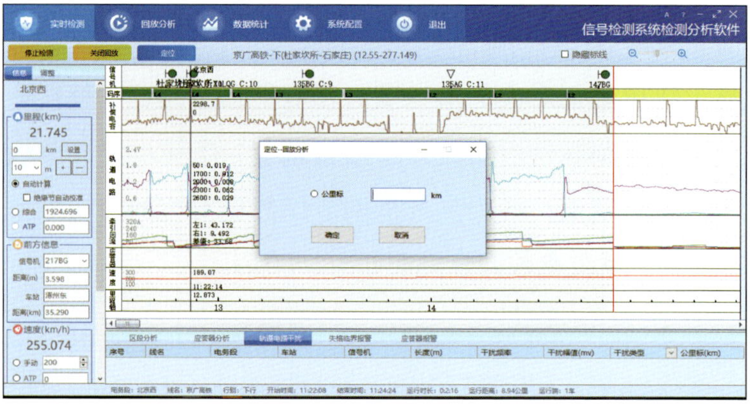

图 2-45　数据综合分析处理子系统定位界面

（6）标线分析

支持实现标线的显示与否、标线是否展示在在线回放波形区域，轨道电路与牵引回流的各个值的显示会根据该标线的显示而显示，如图2-46所示。

（7）波形操作

支持对图形进行放大缩小功能。

2. 在线回放功能

（1）回放分析

支持通过选择特定数据文件（gddl文件：后缀名.gddl,二进制格式的存储文件），加载数据绘制波形与表格，进行波形的移动，或者通过波形下方滚动条查看波形。回放分析界面如图2-47所示。

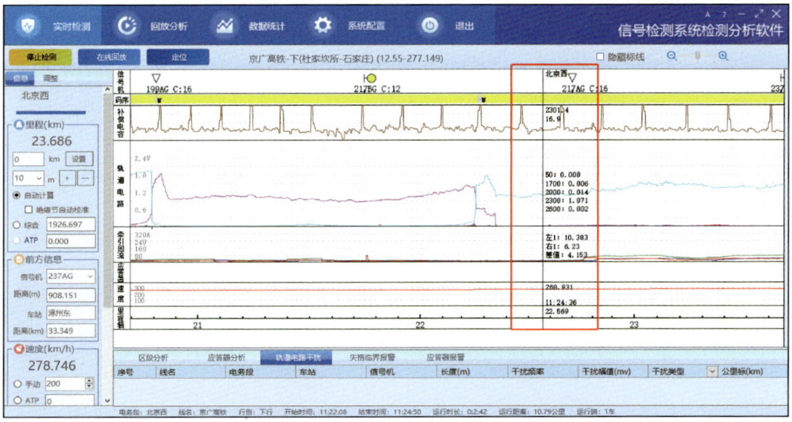

图 2-46　数据综合分析处理子系统标线分析界面

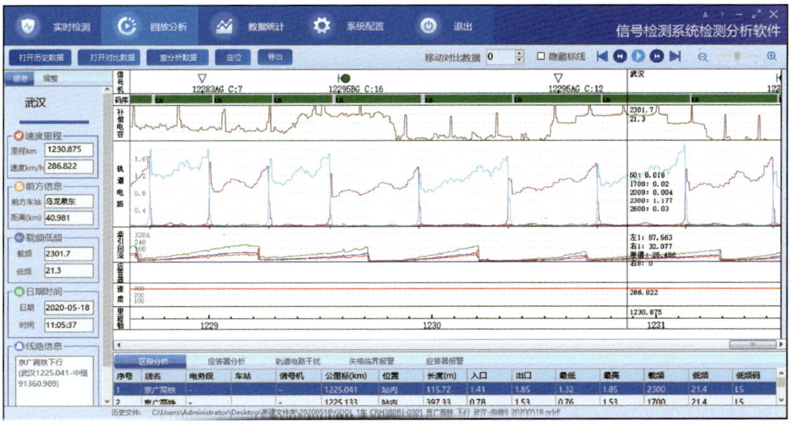

图 2-47　数据综合分析处理子系统回放分析软件界面

（2）对比分析

支持对比数据文件。针对部分曲线数据进行对比时，对比数据信号机字体红色、信号机标志边框红色显示，对比数据曲线可进行左右移动。无特殊说明其他功能对对比数据无效。

（3）信息与调节

软件左侧信息界面显示历史数据对应的信息。左侧调节界面对补偿电容进行调节，里程调整可调整补偿电容的横坐标位置，基线调整可对补偿电容曲线进行上下调整。软件支持对轨道电路和牵引回流显示进行调节：下拉框可调节轨道电路或牵引回流的显示刻度值；各个复选框调节该数据对应的曲线显示与否。数据综合分析处理子系统开始检测软件界面如图2-48所示。

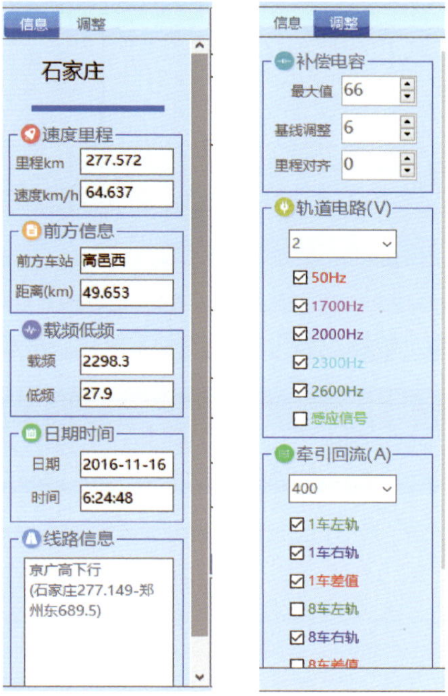

图 2-48　数据综合分析处理子系统开始检测软件界面

（4）信号机编辑

支持移动、删除、移动，添加信号机，默认只添加一个信号机。

（5）标线分析

支持实现标线的显示与否、标线是否展示在在线回放波形区域，轨道电路与牵引回流的各个值的显示会根据该标线的显示而显示，如图2-49所示。

（6）图表联动

支持对在“轨道电路干扰”“失格、临界报警”及“应答器报警”表格中选中某一行数据其中某一表格的数据时，曲线数据图形显示区域应跳转到相应的公里位置。当点击图形区域某位置时，数据表转到此位置对应的数据行。数据综合分析处理子系统图标联动界面如图2-50所示。

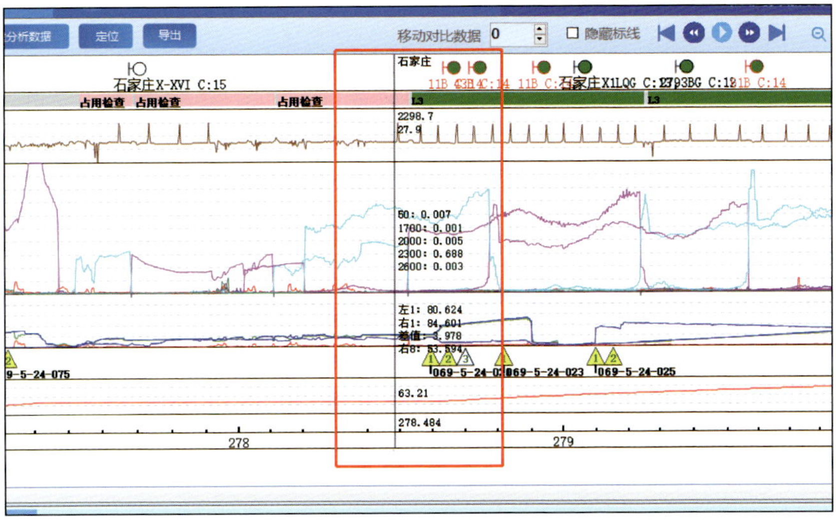

图 2-49　数据综合分析处理子系统标线分析软件界面

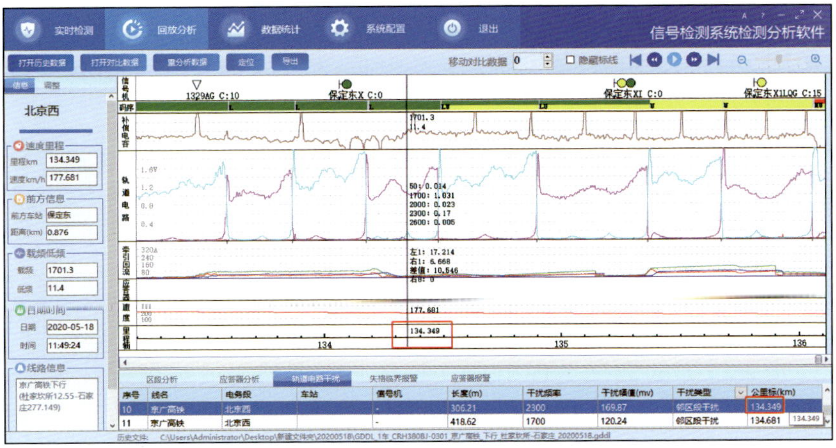

图 2-50　数据综合分析处理子系统图标联动界面

（7）表格操作

支持新增、修改、删除“轨道电路干扰”或“失格、临界报警”表格中的某一行数据。

（8）导出功能。

支持对波形文件、报表数据、曲线数据、问题记录、应答器报文进行数据分类导出。

波形文件：可选择导出“整个波形文件”或按公里标区段导出，形成相应的PDF文件。

报表数据：可复选需要导出的数据导出对应Excel表格。

曲线数据：导出所有点的曲线数据弹框，形成Excel表格。

问题记录：导出问题记录word，包含轨道电路报警信息描述以及相应位置（轨道电路故障位置为中心点）的截图。

应答器报文：导出应答器报文Excel表格，包含检测到的应答器原始报文、包头信息、应答器链接、线路速度等数据信息。

（9）定位功能

支持输入需要定位的公里标后，将自动定位到目标公里标。如当前打开的波形文件中不存在用户输入的待定位公里标位置，系统会提示无法定位。

（10）波形操作功能

支持直接显示当前波形最左端或最右端的数据，修改图形自动回放的速度，暂停、开始自动回放，缩小、放大图形。

3. 数据统计功能

对于需要进行数据统计的文件夹，支持自动把该文件夹下的所有文档中的第一个表格中的数据呈现出来，并自动根据路局或线名统计数据。

2.5 系统标定

信号检测系统标定主要针对轨道电路检测子系统进行标定，依据Q/CR 605—2017《轨道电路动态检测系统标定》执行。

轨道电路检测天线下方，钢轨上布置直径≥6 mm^2非屏蔽线缆，线缆两端接通用机车信号发码器（TX98-3+）或者通用机车信号环线发码箱（TX98-A+）进行发码，发送ZPW-2000中的1 700 Hz、2 000 Hz、2 300 Hz和2 600 Hz四种载频对应的任一低频信息发送以对应感应电压100 mV的基准流，车上人员打开检测软件调整检测系数使车上检测系统接收到电压与车下发送电流对应感应电压一致，记录10次数据，并进行不确定度计算，完成四种载频标定，可以用倍数关系验证车上感应电压准确性。做好数据记录编定并出具标定报告。

图2-51所示为电务检测车实际标定环境。因电务检测车自身不带轨道电路天线需要携带两个一组的TCR线圈，高度为（155±5）mm，两个线圈水平平齐，天线中心位置间距为1 435 mm，线圈下方布设环线，线缆模拟出钢轨宽度（动检车直接将环线布置在钢轨上表面，天线为车体自带不需要携带线圈）。

图 2-51　电务车轨道电路标定环境

2.6　设备故障及处理

2.6.1　轨道电路检测子系统故障

当开始检测后接收不到轨道电路数据情况，一般该情况首先查找轨道电路采集单元网口处指示灯是否为绿色灯闪烁，若没有闪烁绿灯而指示灯为红色，表示采集板卡与检测主机通信异常，首先关闭轨道电路采集机电源后重新开启，看是否恢复正常，如恢复正常表示轨道电路检测主机开启后寻址没有匹配，此状况多次出现可能会表明该采集板故障，可更换备用板卡。

此外，接收不到轨道电路信息且采集板亮红灯，也可能采集处理单元与检测主机通信有问题，网口松动或网线故障，查找排查是否网线或交换机端口问题，一般为网口松动所致，以上网络通信设备线缆均没有问题情况下，仍旧故障判定为采集板卡故障，更换备板处理恢复（1车和8车采集板内部系统烧制程序不同不可互换板卡）。

2.6.2 补偿电容检测子系统故障

检测过程中，突然出现补偿电容检测曲线拉直线情况，检查远程连接补偿电容处理单元控制器是否正常。偶发补偿电容控制器自动重启现象，可以先采用另一端电容改IP或者检测软件config中电容端口设置进行检测，然后排查故障端电容问题，可采取关闭故障端补偿电容接收处理单元电源。过片刻后重新开启，再次远程连接控制端看是否恢复正常，恢复正常后，即可更改回之前设置。如果故障端控制器连接不上也ping不通时，初步判定为补偿电容控制器故障，临时继续使用另一端检测，该端更换控制器处置。

2.6.3 应答器检测子系统故障

综合检测软件出现接收不到应答器数据情况，首先排查应答器检测主机中软件是否接收正常。如果应答器检测主机接收正常，单综合检测软件不显示，排查应答器检测软件参数设置中IP地址是否与综合检测主机IP相同。如果不同，改为与检测主机IP相同后可恢复；如果相同，排查应答器检测主机中本地与检测主机通信IP是否正确或者该IP对应网口是否正常以及网线是否正常进行排查。

检测过程中出现大量无效数据或者应答器报丢失等现象，需要排查采集机中各接线是否出现接触不良，或者采集板故障，从下位机故障处排查，可先将电源线缆拧下过会恢复看问题是否仍旧存在，如若下位机或线缆故障需联系厂家排查处理。

2.6.4 ATP监测子系统故障

ATP监测子系统接收不到数据情况，首先ping运行端DMS数据转发版卡

IP，01端为192.168.2.106，00端为192.168.2.107，如果IP通，在ATP监测主机上用TCP/UDP调试助手建立一个TCPsever，远程主机的IP为运行端DMS转发板IP，本地端口号设置为20091，看是否能接收到数据，如果能接收到数据，则表明车上检测软件问题，联系开发人员咨询；如果网络调试助手接收不到数据，表明DMS未给转发板提供数据，需要联络监测人员看是否板卡故障或是ATP没有给DMS转发数据，可跟机械师申请到下站停车时，让司机申请切断主控重新开启观察情况，一般可恢复，如果未恢复，可联系监测入库排查转发板或DMS问题情况。

第3章 信号检测作业

3.1 检测系统操作

以CRH380AJ-2818综合检测车为例，分硬件和软件操作进行讲解示意。

3.1.1 硬件操作

1. 下位机子系统开机

（1）UPS 开机

UPS 安装在相应检测机柜内部，将所涉及车辆隔离变压器空开闭合。按 UPS主机面板开机键后根据 LCD 指示屏提示进行开机。

（2）下位机开机

1 号（1车）和20 号（8车）机柜内分别打开轨道电路机箱中轨道电路板卡电源开关、牵引回流板卡电源开关，均将开关置于“开”位置，轨道电路和牵引回流下位机如图3-1所示，相应板卡正常工作后，绿色指示灯闪烁，频率为1 Hz。

打开电容功放单元和处理单元电源开关，将开关置于“开”位置，功放单元自动开始工作，处理单元需等待控制器正常启动后才进入工作状态，一般需要3 min左右，补偿电容功放单元如图3-2所示，补偿电容处理单元如图3-3所示。

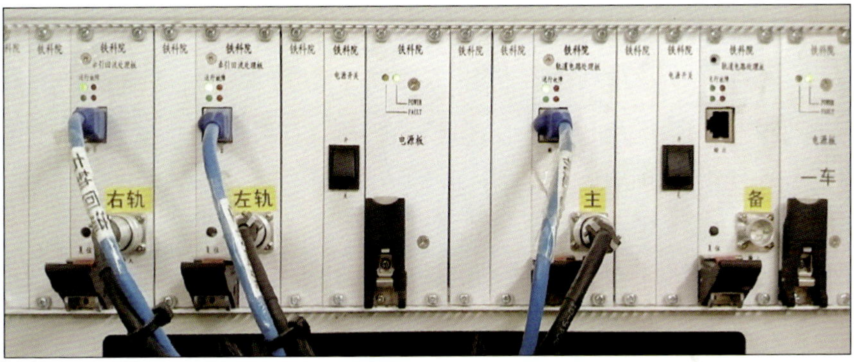

图 3-1 轨道电路和牵引回流下位机界面

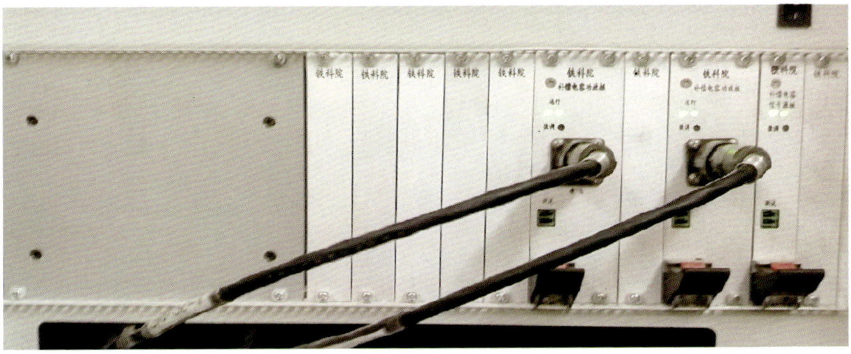

图 3-2 补偿电容功放单元下位机界面

图 3-3 补偿电容处理单元下位机界面

2号（1车）、17 号（8车）机柜打开应答器检测主机（工控机），打开相应KVM显示器，可以看到工控机正常启动，检测软件自动启动，并观察应答器采集处理单元下位机各指示灯是否正常，应答器采集处理单元、KVM和工控机安装界面，如图3-4所示。

图 3-4　应答器采集处理单元、KVM 和工控机安装界面

同时要确保每组散热风扇正常并处于开机工作状态，控制按钮位于机柜顶部。

2. 上位机子系统开机

（1）2号车UPS开机

同1车、8车。

（2）打开3号机柜内检测主机

2号车3号机柜安装有信号检测系统上位机处理设备，自上至下依次为接口监测主机、综合主机、里程同步主机、ATP 监测主机和备用机，并有共4台显示器。根据使用需要打开相应的上位机。

3.1.2　软件操作

1. 启动信号检测主机及软件

选择信号检测主软件快捷方式，如图3-5所示。

打开系统，进入“实时检测”界面。点击【开始检测】按钮，出现检测配置选择界面，如图3-6所示，点击【选择】按钮后如图3-7所示选择所需要的基础库，点击对话框右下角打开按钮，加载好基础库后，点击检测线路右侧下拉列表选择好对应检测交路、及运行方向后如图3-8所示，点击【确认】按钮完成配置，进入实时检测主界面，如图3-9所示。

图 3-5　信号检测分析软件桌面快捷方式

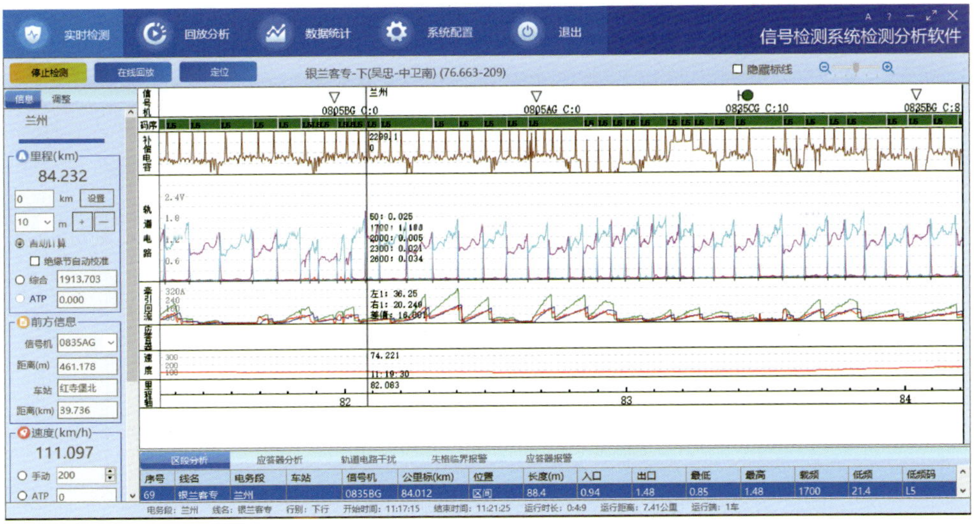

图 3-6　实时检测界面

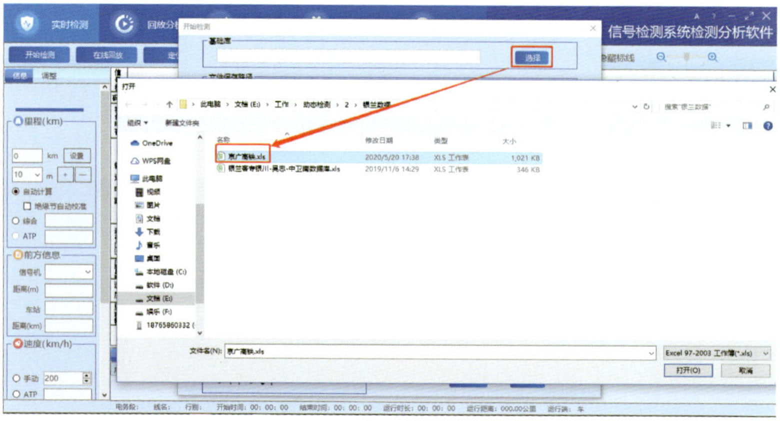

图 3-7 基础库选择界面

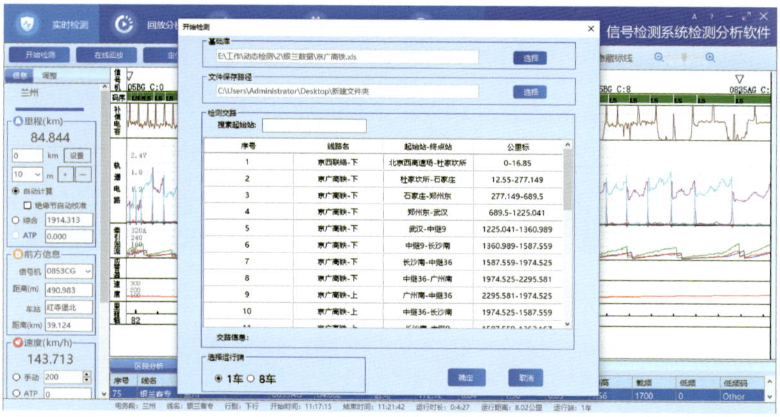

图 3-8 检测配置选择界面

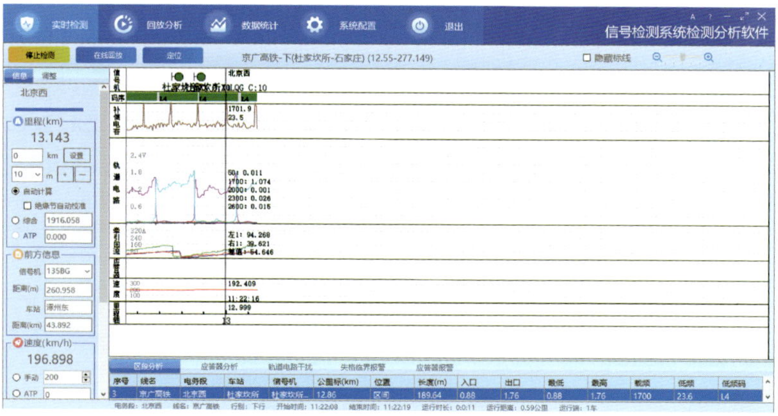

图 3-9 开始检测界面

2. 启动同步软件

点击同步定位软件快捷方式图标，进入主界面，如图3-10所示，点击【开始】，接收综合系统发送的速度里程信息。

图 3-10　里程同步软件

3. 登录补偿电容处理单元

在任意1台上位机上，远程登录1车和8车补偿电容处理单元，远程登录IP地址、用户名和密码，见表3-1。

表 3-1　补偿电容处理单元配置

车厢号	IP 地址	用户名	密　码
1车	192.168.2.214	CL-01	xh
8车	192.168.2.204	CL-00	xh

软件界面如图3-11所示。

正常工作状态时，接收天线经过电容时将出现图3-11所示界面，此时系统工作状态正常。

需要注意的是，远程登录补偿电容下位机系统一定要在车辆运行前完成，只有远程登录后下位机软件运行后检测软件界面才可以接收到电容数据。

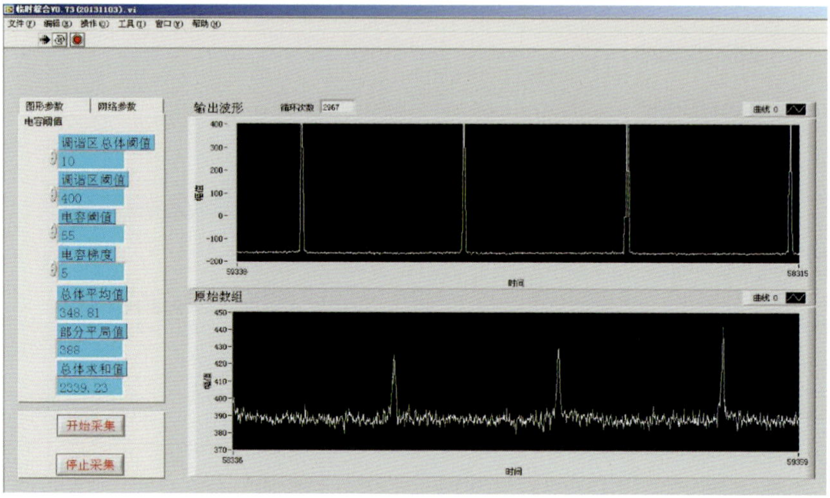

图 3-11　下位机软件界面

4. 登录应答器检测主机

在任意1台上位机上，可以远程登录1和8车应答器检测主机，用户名和IP地址配置见表3-2，观察设备工作情况，应答器检测界面如图3-12所示。

表 3-2　应答器检测主机配置

车厢号	IP 地址	用户名	密　码
1车	192.168.2.191	AE411MR	无
8车	192.168.2.198	AE411MR	无

5. 启动ATP监测软件

双击图标打开软件，显示环境界面如图3-12所示，与信号检测软件操作相同，将环境界面关闭后出现如图3-13所示界面，点击开始测试后，出现如图3-14所示界面，选择好运行端和数据存储路径后点击确定完成ATP监测

配置进行测试如图3-15所示。

图 3-12 应答器检测软件界面

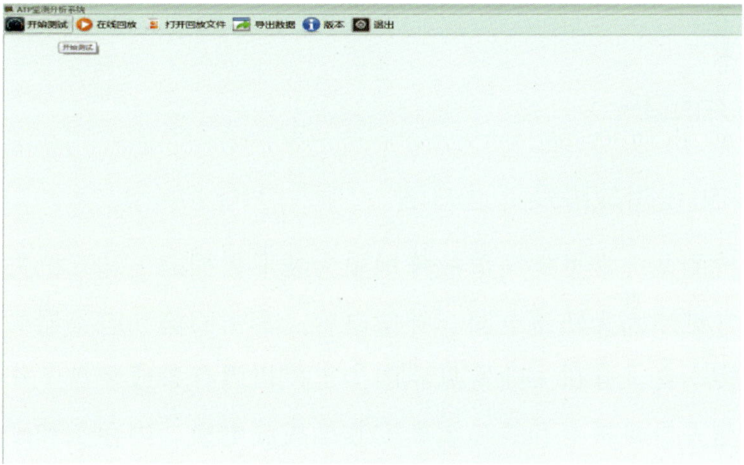

图 3-13 ATP 监测软件界面

图 3-14　ATP 监测软件配置界面

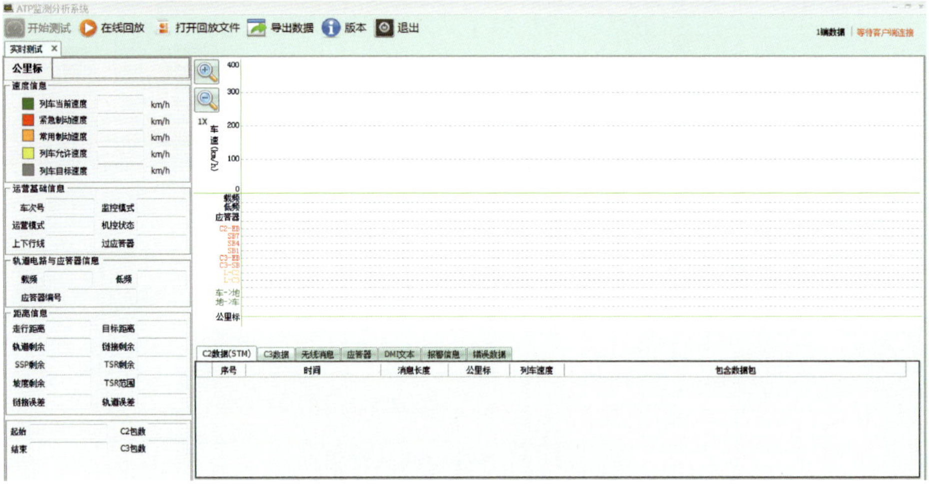

图 3-15　ATP 监测界面

3.2　运用维护

3.2.1　常见设备故障及处理方法

信号检测系统常见的简单故障现象为波形数据缺失和开机失败。波形数据缺失常见原因为轨道电路、补偿电容、牵引回流和应答器机笼内板卡或线缆连接不良。开机失败常见原因为工控机内存条或硬盘工作异常，建议现场检测人员将板卡和线缆重新安装插拔或更换，内存条和硬盘擦净后重新安装。

1. 机笼内板卡工作异常

轨道电路和牵引回流机笼板卡安装位置，如图3-16所示。该机笼主要分为2个左右轨牵引回流板卡和2个轨道电路处理板卡（备用1个），以及电源模块，常见故障现象为波形缺失，建议检查板卡是否安装牢固，将板卡上的网线和数据线缆重新插拔，或者更换板卡模块。

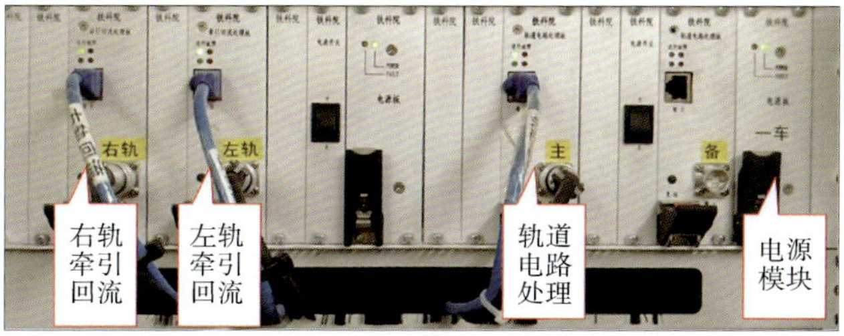

图 3-16 轨道电路和牵引回流机笼板卡示意

补偿电容机笼板卡安装位置，如图3-17和图3-18所示。该机笼主要分为1个接收板卡、1个数据处理板卡（下位机）、2个功放板卡，以及电源模块，常见故障现象为波形缺失，建议检查板卡是否安装牢固，将板卡上的网线和数据线缆重新插拔，或者更换板卡模块。

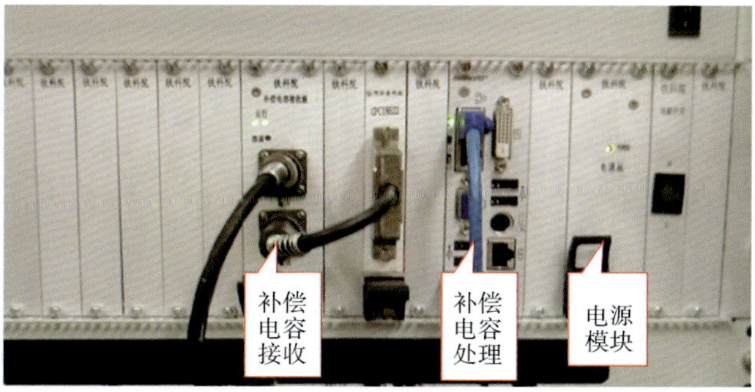

图 3-17 补偿电容机笼板卡示意一

应答器机笼板卡安装位置，如图3-19所示。该机笼主要分为1个信号处理板卡、1个功放板卡和1个电源板卡，常见故障现象为收不到应答器数据或接收大量无效数据，建议检查板卡是否安装牢固，将板卡上的网线和数据线缆重新插拔，或者更换板卡模块。

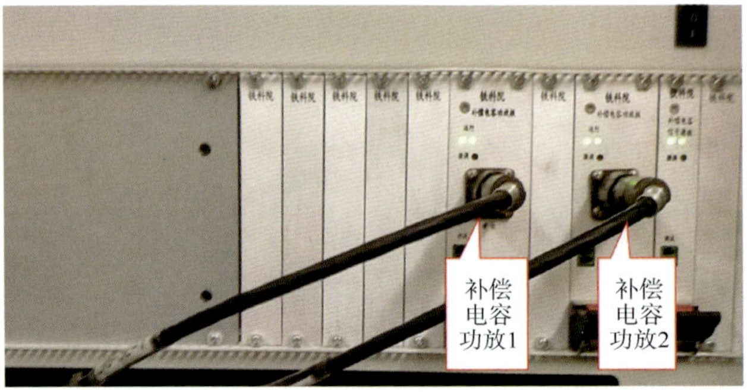

图 3-18　补偿电容机笼板卡示意二

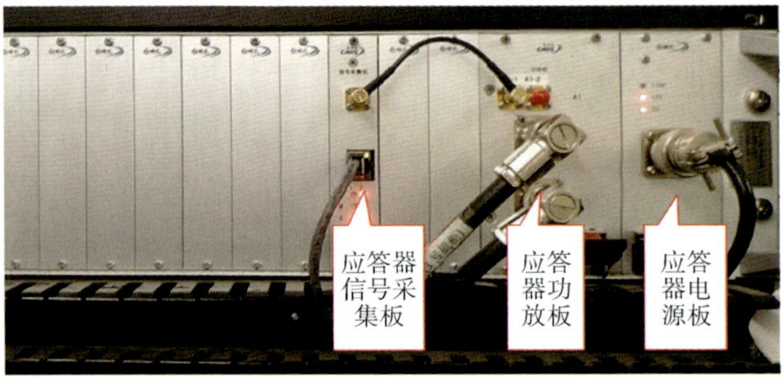

图 3-19　应答器机笼板卡示意

2. 工控机开机失败

工控机开机失败简单维修办法一般为先确认显示器和工控机电源正常接通，再打开工控机机盖，将内存条和硬盘擦净后重新安装。

3.2.2　安全检查

安全检查由综检负责人统一组织安排，由入库负责人和安全检查员共同完成，结合车辆一级、二级修或者单独提请作业单进行。安全检查员进行安全检查须对每个车体外漏检测设备进行拍照记录，并将图片按照表3-3中命名方式一一命名，轨道电路天线和补偿电容发送天线命名要区分左右，以站在车内面向司机室方向为基准进行判断。检查结束后安全检查员将命名好的检查记录照片打包发送专业检测负责人进行审核，专业负责人审核无误后上传运维系统。检查过程中发现问题应及时向入库负责人汇报，入库负责人向专业检测负责人和综合检测负责人通报，并进行处理。

1. 车外设备及安装位置

车外检测设备及安装位置见表3-3。

表 3-3　信号检测系统检测传感器布置汇总

车厢号	名称及型号	数量	安装位置
1车	轨道电路检测天线	2	车下第一轮对前，车载TCR天线前
	补偿电容发射天线	2	车下一二位转向架之间，钢轨正上方
	补偿电容接收天线	1	车下一二位转向架之间，车体中心线位置
	应答器检测天线	1	车下2位转向架枕外，靠近2车位置
	Um天线	1	车顶右侧一排第一个天线
8车	轨道电路检测天线	2	车下第一轮对前，车载TCR天线前
	补偿电容发射天线	2	车下一二位转向架之间，钢轨正上方
	补偿电容接收天线	1	车下一二位转向架之间，车体中心线位置
	应答器检测天线	1	车下2位转向架枕外，靠近2车位置
	Um天线	1	车顶右侧一排第一个天线

2. 设备安全检查

信号检测系统相关车外设备安全检查包括以下内容。

检查轨道电路/牵引回流天线外壳、紧固件和吊装支架外观是否完好牢固，是否出现破损、松动、倾斜或断裂。天线线缆、护管和连接器是否完好紧固，是否出现破损、断裂、暴露或松动等现象。

检查补偿电容发送/接收天线安装底板和紧固件或是否完好牢固，是否出现破损、松动或断裂等现象。

检查应答器天线外壳、紧固件和外观是否完好牢固，是否出现破损、松动、倾斜或断裂等现象。天线线缆、护管和连接器是否完好紧固，是否出现破损、断裂、暴露或松动等现象；吊装支架是否有伤损等现象。

检查Um天线外壳、紧固件和安装底座外观是否完好牢固，是否出现破损、松动、倾斜或断裂等现象。

安全检查项目、检查内容和项点等详见《信号检测系统安全检查记录表》，检查结束，上传运维系统。

3. 设备安全检查问题处理

天线及防护罩存在异物时，由安全检查人员入库进行清理。天线及防护罩（自提供）有裂纹、损坏或者固定螺栓松动时，检测人员要积极处理，并及时通知维修人员，外购设备由维修人员联系设备供应厂家维修或更换。天线吊架、玻璃钢底板、防护罩（车辆厂提供）有裂纹、损坏或者固定螺栓松动时，及时通知路局车辆随车人员或动车所调度，并通知维修人员和载具管理员，由载具管理人员负责沟通，检测人员跟进。

3.2.3 日常维护

日常维护指日常性设备维护，信号检测系统日常维护周期每个月不少于1次。日常维护由专业检测负责人负责。检查结束后将日常维护记录情况汇总后上传运维系统，发现问题应及时向专业检测负责人和综合检测负责人通报，以及时进行处理。日常维护除包括安全检查的所有项目，还须检查以下内容。

（1）各检测子系统网络连接、串口连接等是否正常。

（2）各测试工控机、服务器能否正常启动。

（3）各显示器是否正常显示。

（4）能否正常收到综合同步信息。

（5）各测试软件能否正常运行，能否正常连接和操作设备进行测试，输出信息是否正确。

（6）各测试设备指示灯是否正常显示。

（7）各部分连接电缆是否破损及接头是否紧固。

（8）车内电源设备是否工作正常，电源线缆是否出现破损、断裂或暴露等现象，车内电源插头或者插座是否紧固以及是否出现断裂等现象。

日常维护检查内容和项点详见《信号检测系统日常维护记录表》，检查结束，上传运维系统。

根据车辆在用期间月度两次日常维护记录，并填写日常维护记录表，具体见表3-4。

表 3-4 信号系统日常维护记录

序号	所属系统	检查内容	检查结果		故障描述	处理结果	备注
			正常	故障			
40	信号检测系统	所有设备通电状态是否正常					
41		所有检测系统软件启动是否正常					
42		各测试软件能否正常运行，能否正常连接和操作设备进行测试，输出信息是否正确					
43		接收综合系统里程同步信息是否正常					
44		各测试设备指示灯是否正常显示					

3.2.4 标定及年检

信号检测系统实行年检制度，年检周期为每12个月一次。检测系统年检合格者，由检测中心颁发相应的设备合格标识，之后方可执行检测任务。检测系统年度标定不合格者，应及时对系统进行维修、标定和复检，复检合格并获得设备合格标识后方可执行检测任务。如遇车辆出厂，车辆出厂后无论是否在年检周期内均需要重新年检。

3.3 检测问题识别

3.3.1 轨道电路问题

在信号设备状态检测过程中发现的轨道电路典型问题有：轨道电路感应电压失格（掉码）、临界、邻线、邻区段干扰和工频干扰问题等。轨道电路问题识别一般性要求为，干扰电压幅值不大于200 mV，主轨道感应电压不低于200 mV，载频和低频间断甚至引发列车制动为失格。

1. 失格问题

轨道电路感应电压失格一般指列车感应到的载频和低频信息错误，间断或缺失导致列车制动，失格问题示意如图3-20所示。

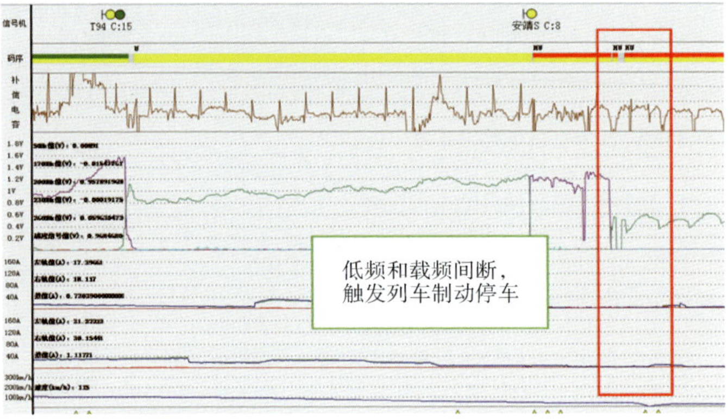

图 3-20　轨道电路失格问题示意

失格的主要原因有以下几类。

（1）设备故障问题

地面发送单元、隔离盒、调整变压器、轨道变压器、继电器或电源等设备故障，以及车载感应线圈和轨道电路信息接收单元故障等，导致车载信号设备接收不到电码化信息。

（2）电缆设计和施工中配线问题

隔离盒配线错误或电码化发送电路之间配线错误等，导致某些场景叠加情况下出现发码故障或电码化信息未发送至本区段等问题。

（3）轨道电路分路不良或者出入口电流过低

新开通线路或不经常走车的侧线钢轨锈蚀造成轨道电路分路不良，轨道电路调整不当，或者雨水天气情况下，道床漏泄大，导致出入口电流过低，车载信号设备不能稳定接收或者接收不到电码化信息。

（4）机械绝缘节及道岔区段岔后位置不能连续接收电码化信息

站内机械绝缘节和道岔区段缺失相应连线，车载信号设备接收地面电码化信息存在空间上的不连续。

2. 临界问题

轨道电路感应电压幅值一般不低于200 mV，否则当列车运行于此区段时，由于感应信号幅值较低，可能无法接收到轨道电路信息，甚至出现失格进而输出制动，影响运行安全和运输效率，临界问题示意如图3-21所示。

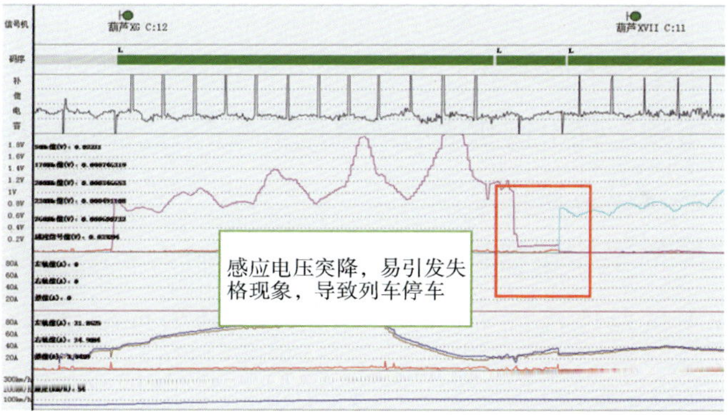

图 3-21　轨道电路临界问题示意

造成轨道电路感应电压临界的原因，一般为入口电流偏低、岔区缺少跳线、电容不良或发码通道设备性能不良等，原因找到后，均要根据轨道电路标调表进行检查调整，使得各项指标在合理范围内。

3. 邻线和邻区段干扰问题

轨道电路邻线和邻区段干扰危害极大，动车组运行至该区段时可能无法解调出正确的载频低频信息，码序不稳定出现跳变，也会出现车载系统载频核对不一致现象，进而输出制动，影响行车安全。通过合理分析找到干扰问题原因后，应通过测量串频信号数据值，查找干扰信号传输途径，把干扰降低至规定范围内，测试相邻及邻线区段发送、接收数据，以及主轨输出和小轨输出数据均要符合设计要求，干扰示意如图3-22所示。

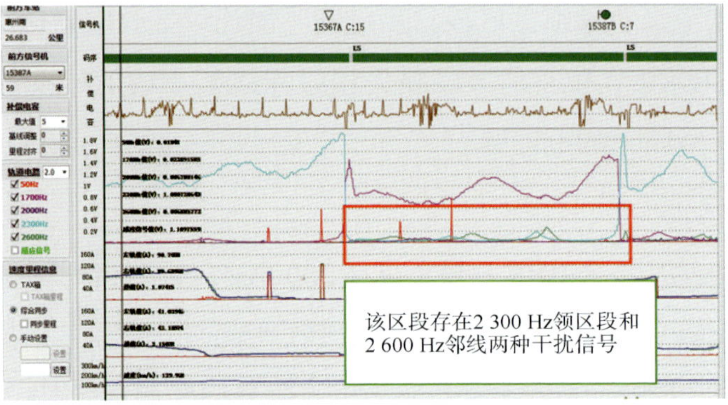

图 3-22　轨道电路邻线和邻区段干扰问题示意

4. 50 Hz工频干扰问题

轨道电路工频干扰由钢轨牵引电流不平衡产生，钢轨两轨条电流差值过大，易发对信号设备造成电流/电压过载危害，甚至烧毁设备或连接线。工频干扰形成原因主要包括钢轨连接大地、钢轨两轨条对地阻抗不平衡、回流通道设备不良及连接端子松动、道岔跳线缺失或松动等，干扰示意如图3-23所示。

3.3.2　补偿电容问题

ZPW-2000系列自动闭塞区段用以传输信息的载频是频率f=1 700+300×N，（N=0，1，2，3）的高频信号。如果载频信号是在一个理想的通道中传输，那么ZPW-2000系列轨道电路所采用的传输设备将得以大大简化。然而在以2根钢轨为主通道的同时，掺杂了道床和大地等各方面因素后，其通道表现为感性阻抗，并且该阻抗值远远大于道砟电阻。

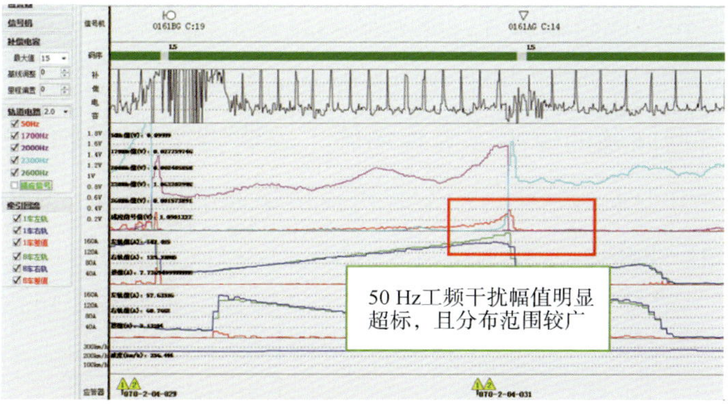

图 3-23 轨道电路工频干扰问题示意

信号在高感性阻抗的钢轨中传输加速衰减，从而信号的传输距离变短，因此采取在两根钢轨间等距离并联补偿电容的措施进行容抗化改进，以减缓这种衰减趋势。当轨道电路区段长度大于300 m时，原则上需要设置补偿电容，数量根据调整表确定，容值情况见表3-5。

表 3-5 补偿电容容值设置

载频 /Hz	普速铁路区间 /uf	普速铁路股道 /uf	高速铁路 /uf
1 700	55	80	25
2 000	50	80	25
2 300	46	60	25
2 600	40	60	25

3.3.3 应答器问题

高速综合检测列车的应答器检测功能，主要有应答器上行链路波形显示、频谱分析、误码测试和连续最大正确比特等主要性能方面的检测，并对应答器各信息包中关键数据的正确性和一致性，以及通过列控中心发送动态信息进行检测验证。应答器性能状态的检测非常重要，为保障行车安全，提高运输效率提供了重要作用。

日常检测过程中应答器问题较为少见，现象为有源应答器默认报文、应答器信息缺失和应答器丢失等，联调联试过程中检测到的应答器问题多为应答器丢失、应答器编号错误和有源应答器发送默认报文等。

造成应答器问题的原因多为现场施工安装错误、接线盒配线错误、外界击打、列控中心未初始化、LEU宕机或传输通道中断等，其中有源应答器简易工况如图3-24所示。

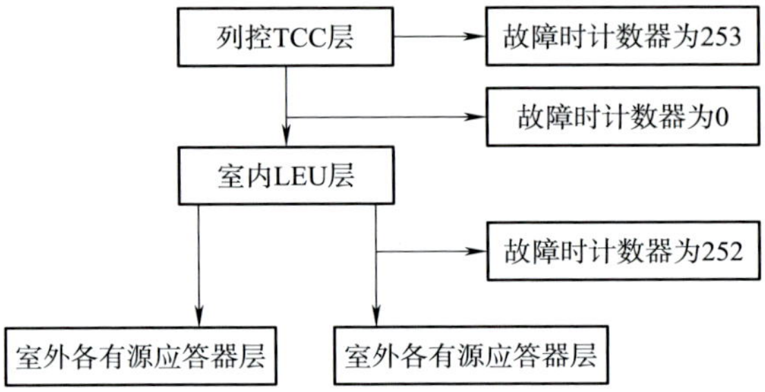

图 3-24　有源应答器简易工况

常用应答器检测软件为CIT380A，应答器以编号和接收时间命名，界面上方黄色三角标为逻辑链接关系，左侧列表内容为实时接收到的应答器，当丢失或者编号错误时，列表内容会有相应减少或变化，应答器丢失检测如图3-25所示，图3-25中红色三角内容为丢失应答器。

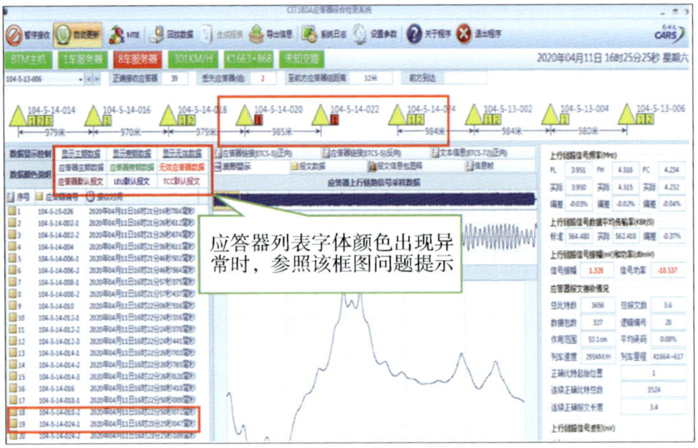

图 3-25　应答器问题示意

3.3.4 ATP监测问题

ATP监测发现问题较为少见。在用监测软件具有报警信息提示功能，报警信息类型有C3制动、C3降C2、应答器错误和无线消息错误等。发生ATP监测问题后可综合参考信号综合检测软件、应答器检测软件以及司机室报警信息来判别问题，问题示意如图3-26所示。

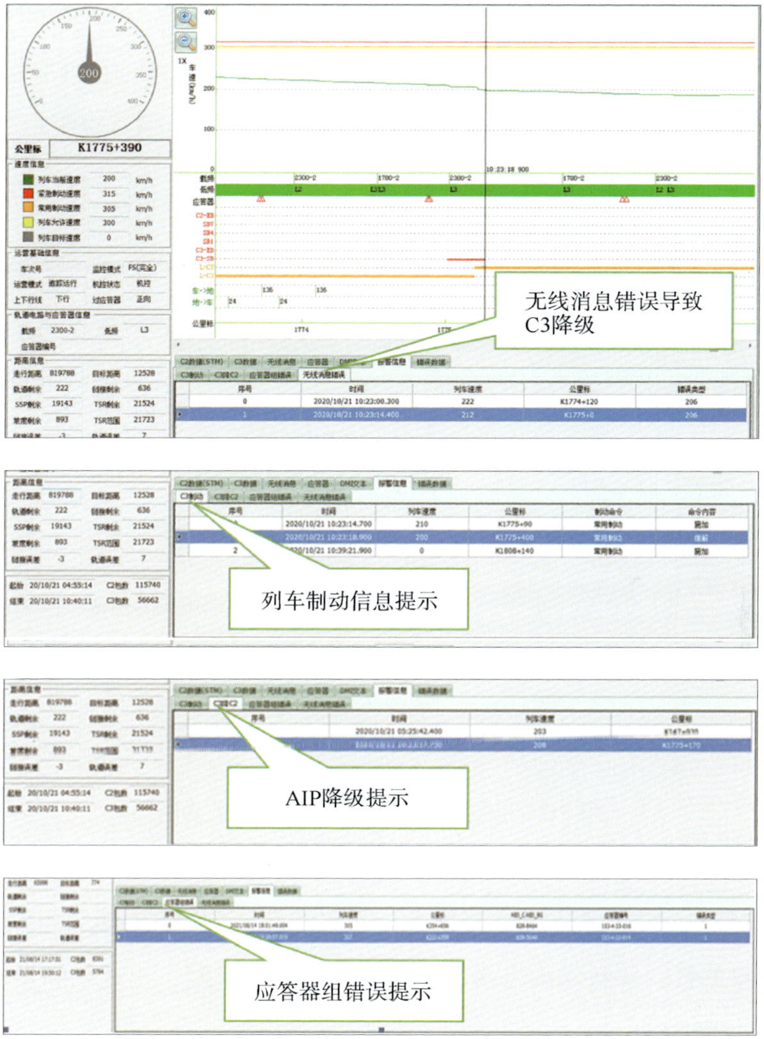

图 3-26 ATP 监测问题示意

3.4 信号检测案例分析

3.4.1 轨道电路典型问题及分析

3.4.1.1 掉码/临界案例分析

1. 案例1

（1）问题描述

徐盐客专上行反向，检测发现贡兴线路所S1LQBG轨道电路感应电压失格，出现掉码，由于ATP已隔离，车载未输出制动，如图3-27所示。

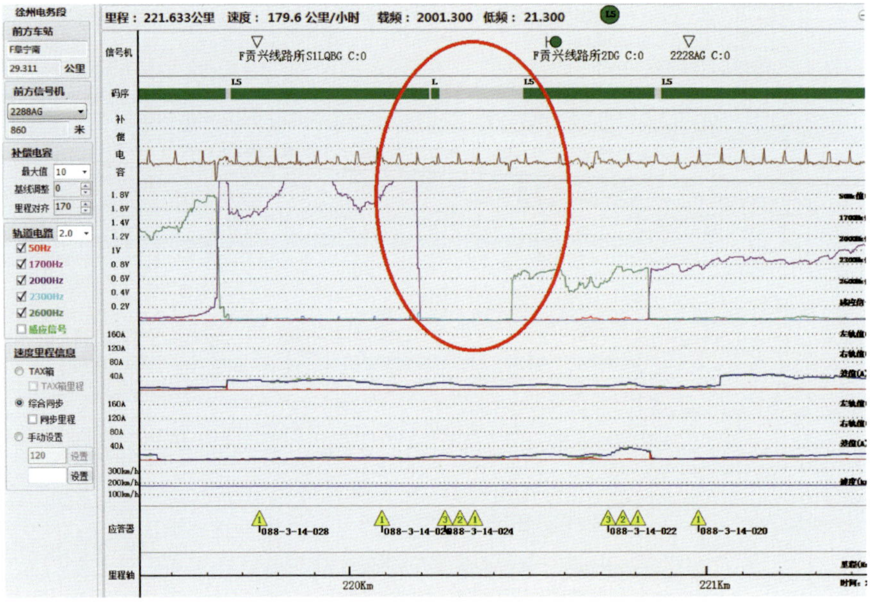

图 3-27 贡兴线路所 S1LQBG 失格案例

（2）问题分析

列车越接近发送端分路电流越大，贡兴线路所S1LQBG轨道电路模拟网络盘电阻调整偏低，导致室内发送器熔断保护器过载跳闸，出现切断发码现象。

（3）问题整改

按照标调表重新核对模拟电缆长度，调整模拟阻抗，整改后检测截图如图3-28所示。

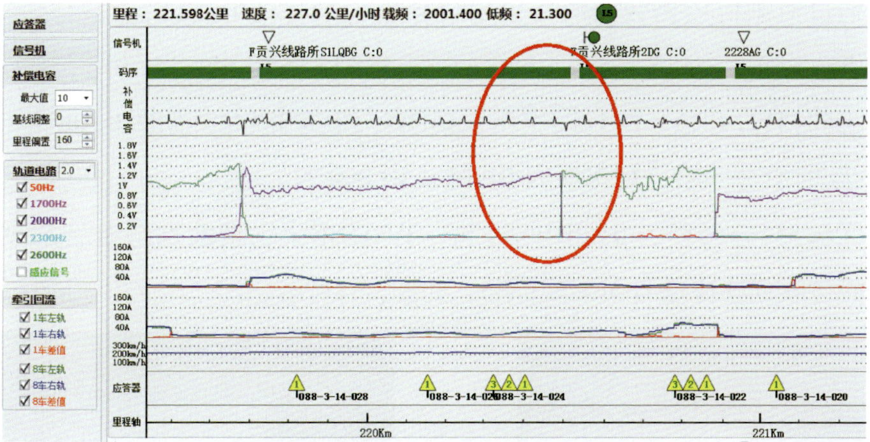

图 3-28　贡兴线路所 S1LQBG 失格案例整改对比

2. 案例2

（1）问题描述

2019年7月22日06时34分DJ1888次运行至安靖站上行ⅡG时掉码，机车信号由HU码变为无码，车载ATP输出紧急制动，如图3-29所示。

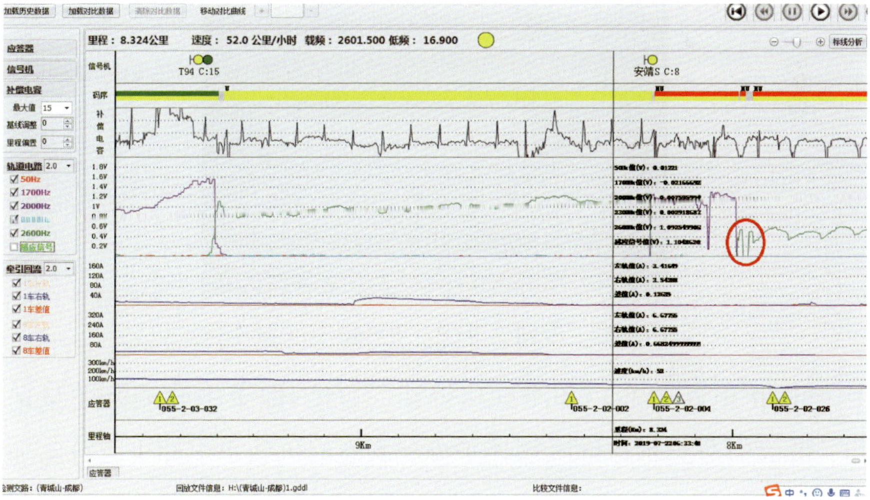

图 3-29　安靖站ⅡG 掉码问题

（2）问题分析

通过对微机监测数据的历史回放分析，结合现场测试，问题原因和处理如下：

①6时31分48秒，DJ1888次压入16DG，ⅡGCJ吸起，如图3-30所示。

②6时31分54秒，列车压入ⅡG时，ⅡGJ落下。

③6时31分55秒，ⅡGJ瞬间吸起，ⅡGCJ落下，切断发码通道，导致机车不能接收到感应信号而出现掉码，如图3-31所示。

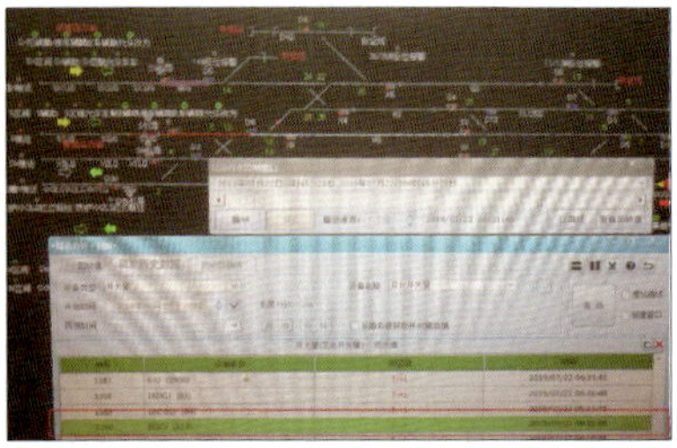

图 3-30　安靖站ⅡGCJ 开关量变化

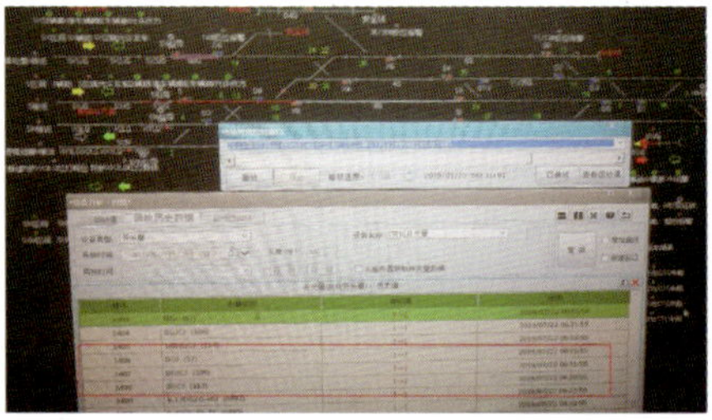

图 3-31　安靖站ⅡGJ、ⅡGCJ 开关量变化

④6时31分57秒ⅡGJ再次掉下，同时ⅡGCJ再次吸起，发码通道恢复正常，机车接收到HU码，如图3-32所示。

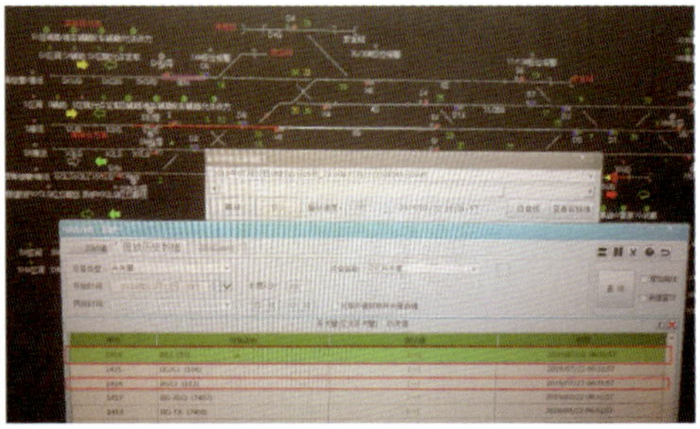

图 3-32　安靖站ⅡGJ、ⅡGCJ 开关量变化

由电码化电路图3-33和图3-34得知，1GCJ即集中监测开关量记录的ⅡGCJ，06时31分55秒该继电器处于吸起状态时因轨道电路失去分路随ⅡGJ吸起而瞬间掉下，切断向钢轨的发码通道，导致机车由HU码变为无码。

⑤调阅ⅡG轨道电路电压曲线：6时31分54秒，列车压入ⅡG时轨道电路

电压从18 V降至9.3 V，6时31分56秒电压瞬间上升至13.5 V，如图3-35所示，超过分路上限，轨道电路瞬间失去分路，造成机车信号线圈感应不到发码电流，瞬间掉码。调阅计算机联锁维修机发现ⅡG在列车刚压入时也瞬间出现闪白光带，之后恢复正常占用红光带。

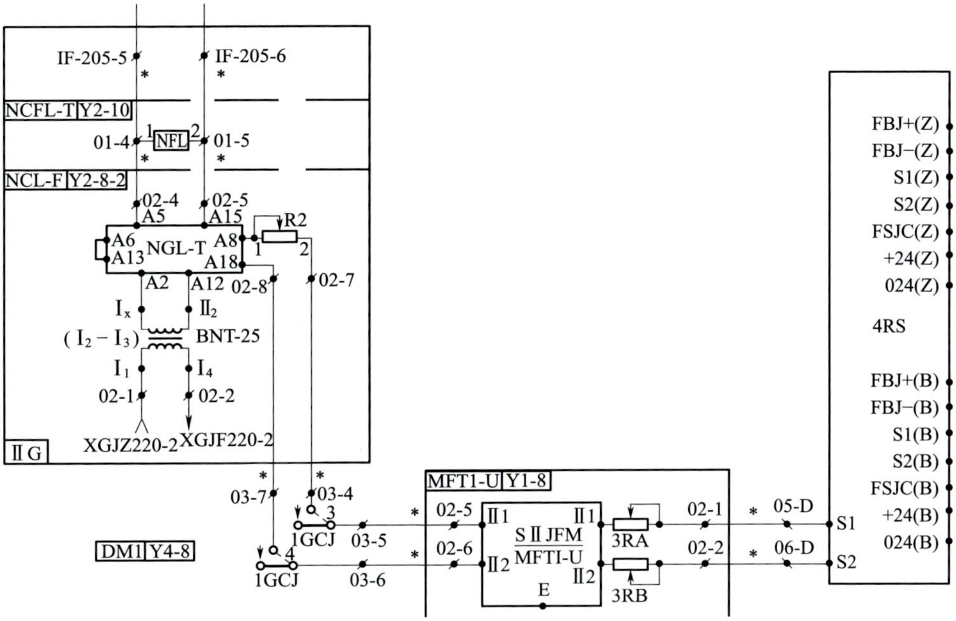

图 3-33　安靖站ⅡG电码化电路图一

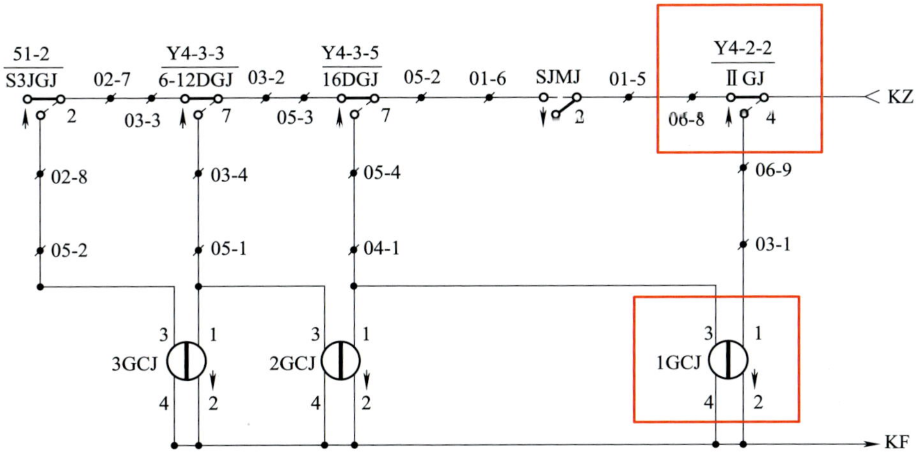

图 3-34　安靖站ⅡG电码化电路图二

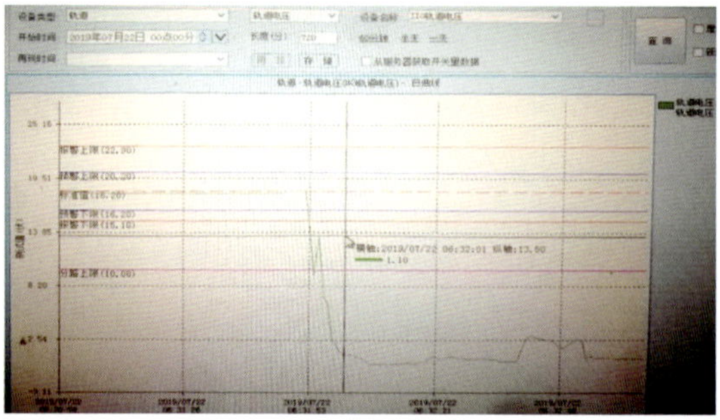

图 3-35　安靖站ⅡG 轨道电压曲线

6时31分57秒轨道电路电压逐渐下降并分路良好。

现场人员反馈22日0时至6时30分期间仅DJ7844和DJ7846次对ⅡG有占用，且当日下雨轨面存在锈蚀，在DJ1888次刚压入ⅡG时轮对分路不明显，出现瞬间失去分路情况，导致机车不能接收到感应信号而出现掉码。列车逐渐进入ⅡG后轨道电路分路良好，机车信号恢复正常。

（3）问题整改

现场工作人员对股道两端生锈钢轨进行除锈整治，问题整改后检测如图3-36所示。

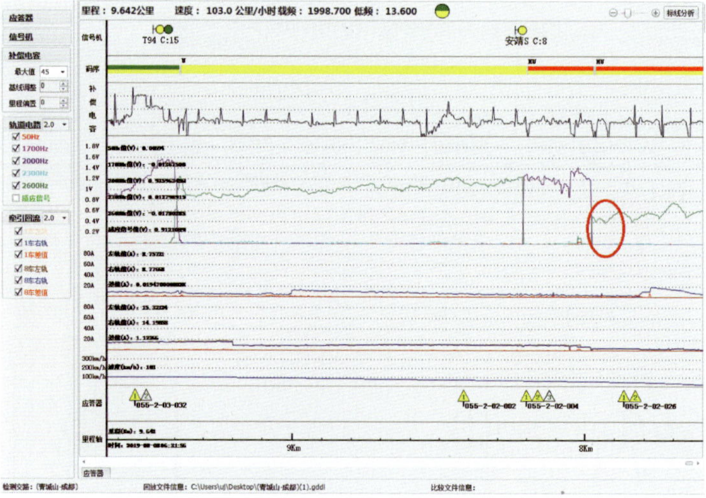

图 3-36　安靖站失格问题案例整改对比

3. 案例3

（1）问题描述

延庆线上行正向，检测发现八达岭西线路所5DG轨道电路感应电压失格，出现掉码，动车组无法连续接收地面信息，未输出制动（ATP已隔离），如图3-37所示。

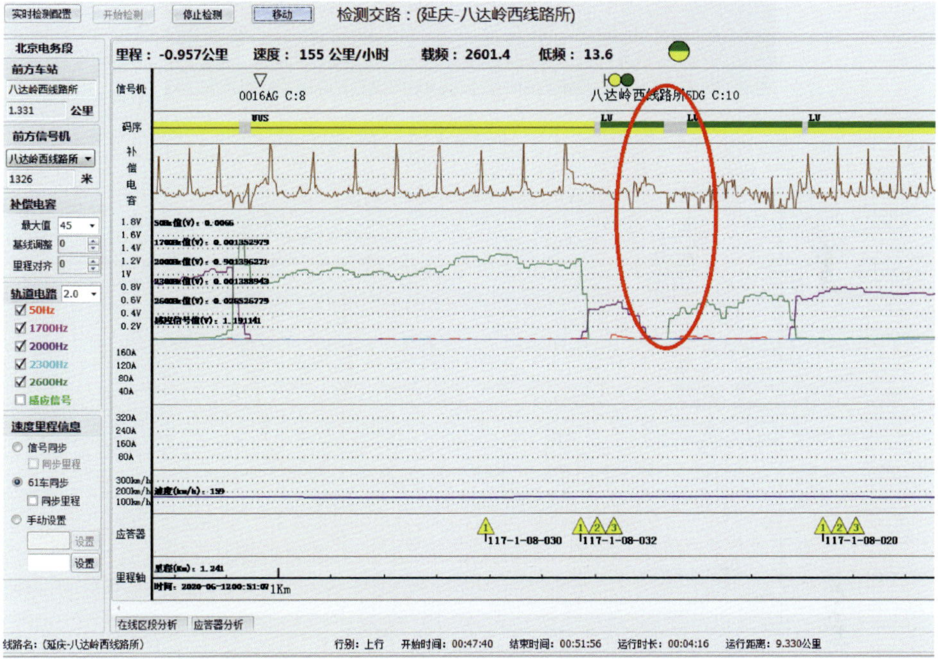

图 3-37　八达岭西线路所 5DG 失格案例

（2）问题分析

现场人员检查发现该站上行进站第一个岔区5DG内5号道岔曲股至3/5渡线绝缘处缺失分支并联线（红线处），当列车由SY进站行至5号道岔曲股时，由于5DG发送设备安装在安全线223绝缘处，机车感应信号出现间断现象，信号平面如图3-38所示。

（3）问题整改

在5号道岔曲股增加3处分支并联线后，问题整改后如图3-39所示。

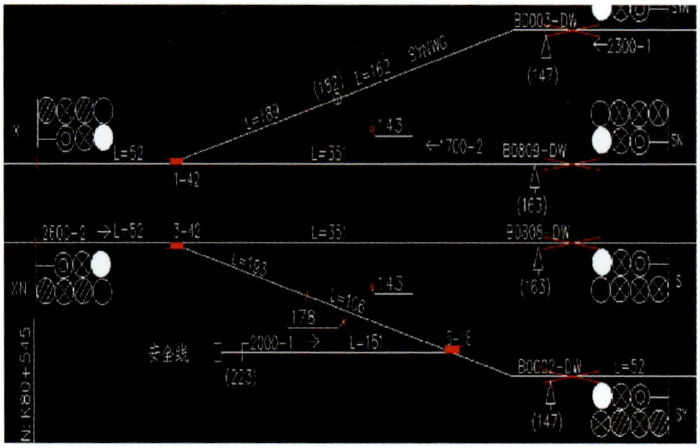

图 3-38　八达岭西线路所信号平面

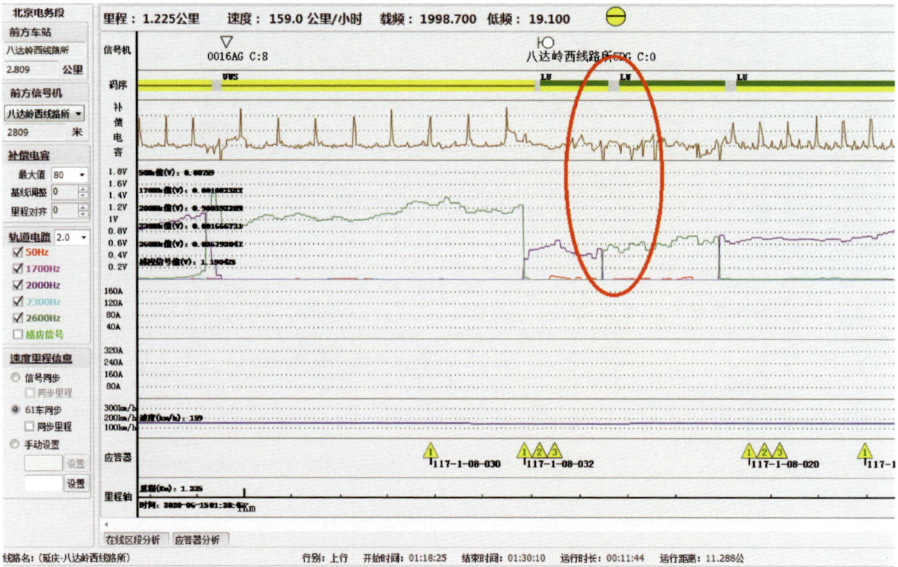

图 3-39　八达岭西线路所 5DG 失格案例整改对比

（4）补充资料

依据《客专轨道电路站内道岔区段跳线及分支并连线安装要求》（〔2013〕269号），采用ZPW-2000时设置岔后并连线，采用双线多处并联方式，从道岔弯股末端（道岔弯股的轨道绝缘节）起，向岔心方向（道岔绝缘节）依次间隔设置，间隔不应大于20 m，安装如图3-40所示。

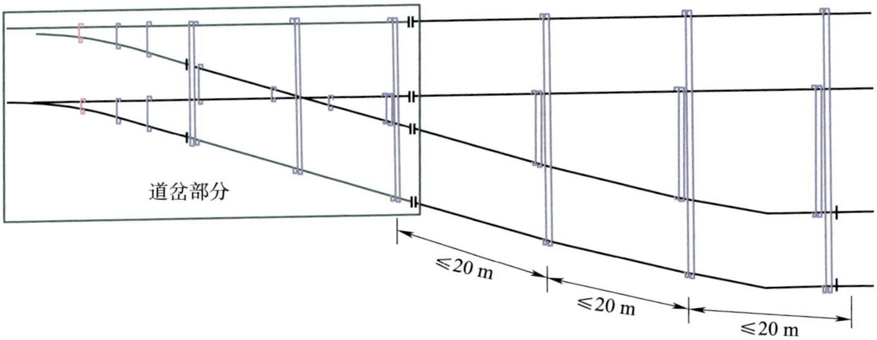

图 3-40　道岔跳线 / 分支并联线设置原则示意

4. 案例4

（1）问题描述

2018年4月17日，京沪线下行，济南局集团公司管内，检测发现白家店站XI出发岔区轨道电路感应电压临界，如图3-41所示。

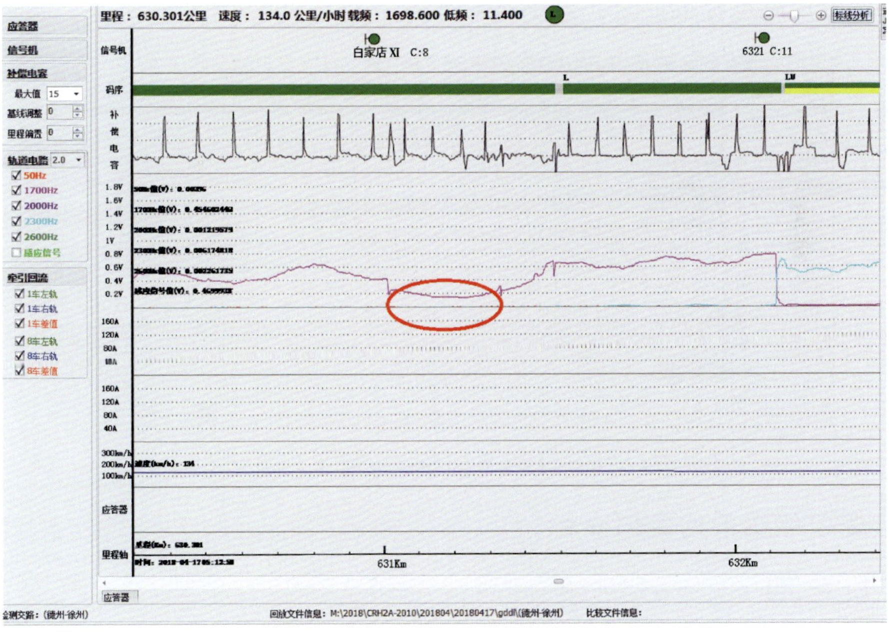

图 3-41　白家店站XI出发岔区临界问题（2018/4/17）

（2）问题分析

结合现场技术人员反馈得知，临界问题区段为出站后第一个岔区6DG，该区段长330 m，安装4个电容，容量为33 uf，符合设计要求。通过微机监测分析得知，用于该区段的电码化发送盒发送电压平稳未出现过异常，室外检查电容性能良好，轨道电路送、受端设备连接线及箱盒内各设备性能良好，测试入口电流860 mA（标准为500～1 200 mA），C3附近轨面发码电压168 mV，室内发码通道串有1 600 Ω可调电阻，分析在功出电压不变的情况下，室内电阻值调整偏大导致分压偏大，造成室外发码电压较低，该可调电阻主要用于调整室外入口电流，将该电阻调至600 Ω后，测试该区段入口电流1 078 mA，C3附近轨面发码电压485 mV。

（3）问题整改

通过调整室内可调电阻值后，5月17日高速综合检测列车检测，轨道电路感应电压满足标准要求，如图3-42所示。

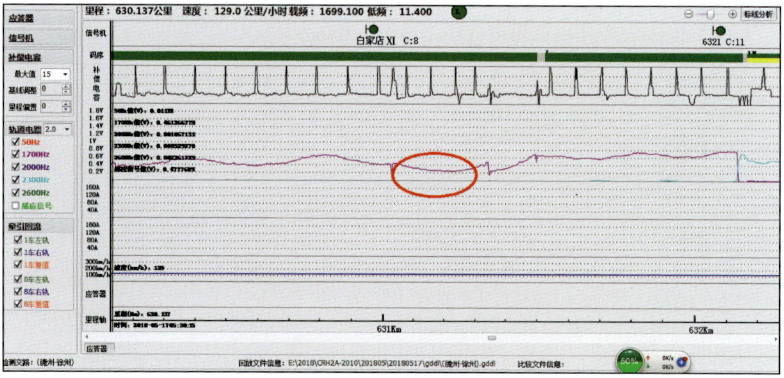

图 3-42　白家店站临界问题整改对比（2018/5/17）

3.4.1.2　邻线干扰案例分析

1. 案例1

（1）问题描述

汉丹线下行正向，检测发现枣阳站内 IG存在2 600 Hz邻线干扰，干扰幅值为1.2 V，如图3-43所示。

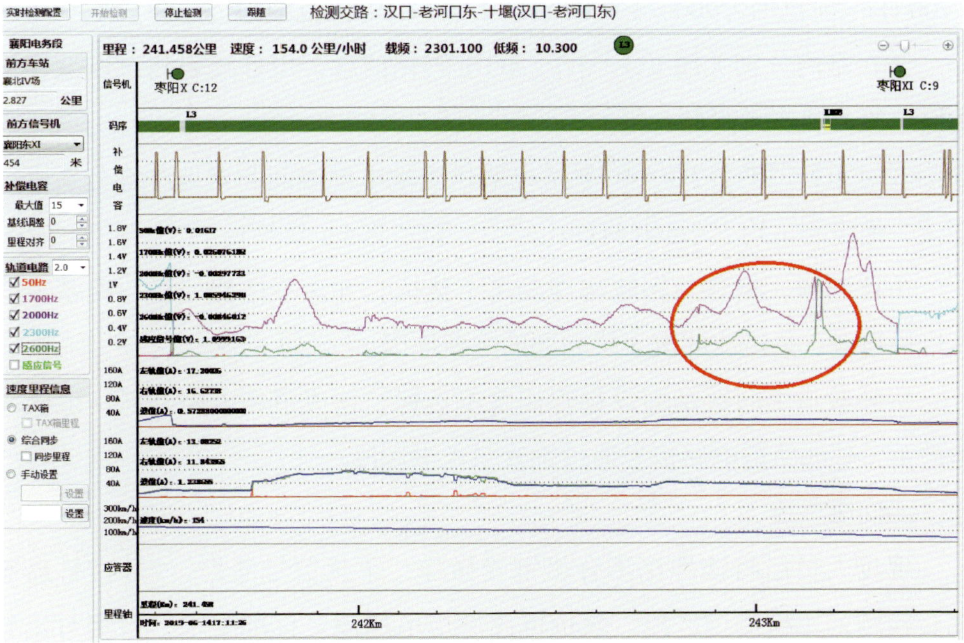

图 3-43　枣阳站 IG 邻线干扰案例（2019/6/14）

（2）问题分析

6月17日，襄阳电务段现场技术人员对 IG进行人工测试检查，发现K242+600处有汉十高铁施工水泥砂浆输送钢管从Ⅰ、Ⅱ、3、4股道轨底穿过，钢管与轨底接触部分仅使用绝缘垫片防护，且未进行深埋处理，如图3-44所示，初步判断由于钢管与道砟接触造成邻线干扰。现场通知施工单位拆除水泥输送钢管后进行人工测试：

图 3-44　枣阳站股道现场情况（2019/6/17）

①在 IG上均匀选取10处分别占用，同时ⅡG开放通过信号，3G、4G空

闲（模拟6月17日高速综合检测列车通过场景），用移频表测试短路电流，1 700 Hz电流范围为900～1 400 mA，2 600 Hz电流范围为17～48 mA。

②在室内分别关闭ⅡG、3G、4G电码化信息，用移频表测试以上10处短路电流，数值无明显变化。

③对ⅠG、ⅡG、3G、4G轨道电路送受端电缆线间和对地绝缘分别进行测试，绝缘测试均大于500 MΩ。

由此判断，钢管与钢轨物理隔离不达标，埋深不达标，且与路基道砟有轻微接触，是造成此次干扰问题的主要原因。

室外股道之间路基埋设钢管深度不达标，造成道床电阻降低，道砟漏泄严重，邻线轨道电路信号通过钢管串入本区段。

④问题整改。

现场人员已将该埋深不合格钢管撤除，干扰信号消失，7月17日高速综合检测列车检测该区段，轨道电路感应电压满足标准要求，检测对比如图3-45所示。

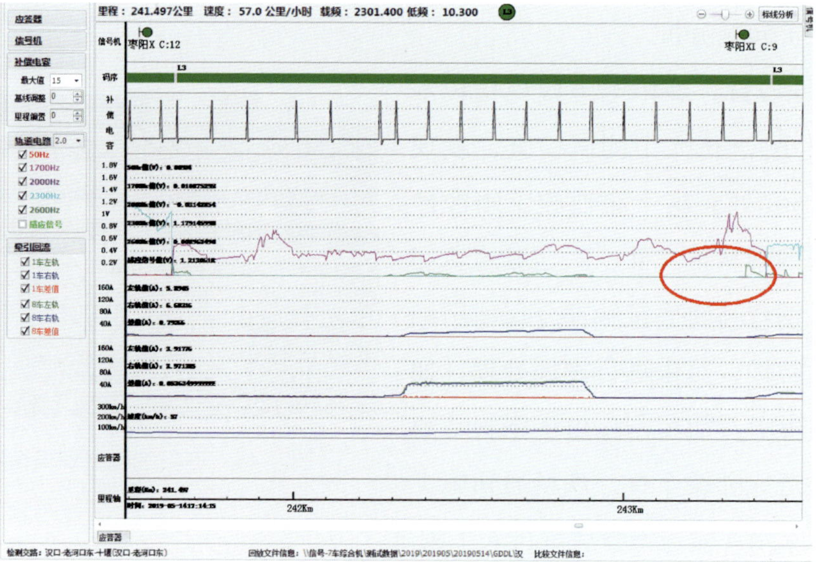

图 3-45　枣阳站ⅠG邻线干扰案例整改对比

2. 案例2

（1）问题描述

2019年12月21日和2020年1月3日，邕北线下行，检测发现南宁局集团公司管内北海站9G存在2 600 Hz邻线干扰信号，干扰幅值为350 mV，时间持续3 s，如图3-46所示。

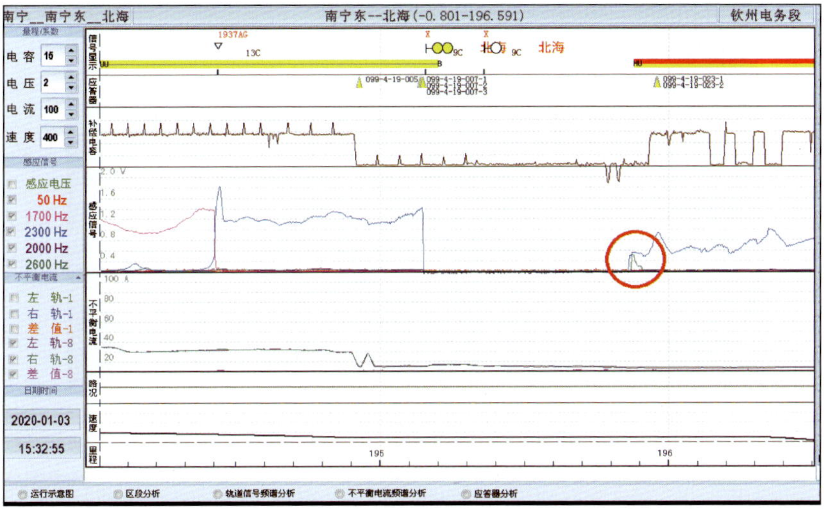

图 3-46 北海站 9G 检测截图（2019/12/21）

（2）问题分析

现场人员核实问题区段为9G，并进行检查测试，情况如下。

北海站9G为25 Hz叠加电码化区段，股道两端双向预发码，下行接车进路载频为2 300 Hz，上行发车进路为2 600 Hz，通过现场测量干扰信号2 600 Hz源于上行发车进路。9G接车和发车电码化电路图如图3-47和图3-48所示。

由图3-47和图3-48得知，接车进路信号开放（X9YMJ吸起）或者列车压入9G后，下行接车进路4GCJ吸起，9GJ落下后上行发车进路3GCJ吸起，2 300 Hz和2 600 Hz电码化信号分别送往室外。理论上由于列车轮对压入9G，轮对后方2 600 Hz信号被短路，机车信号只接收到2 300 Hz信息。

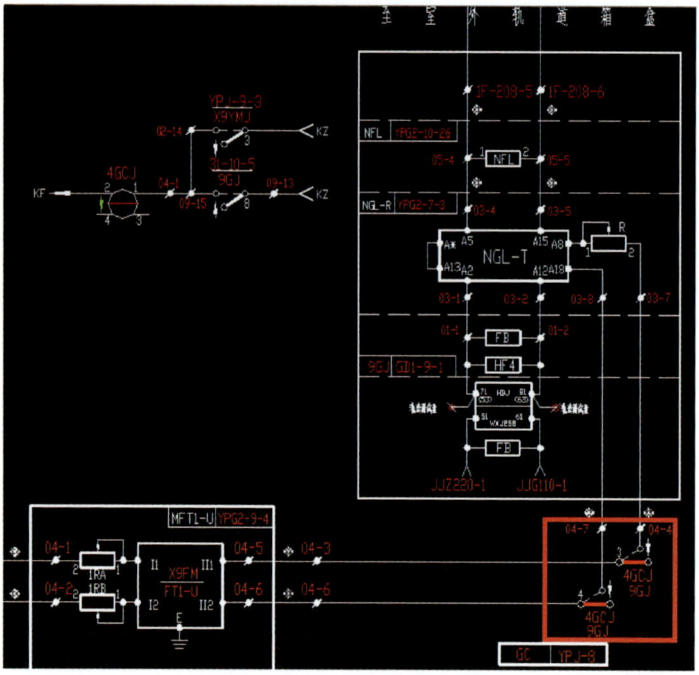

图 3-47　北海站 9 道下行接车电路（2 300 Hz）

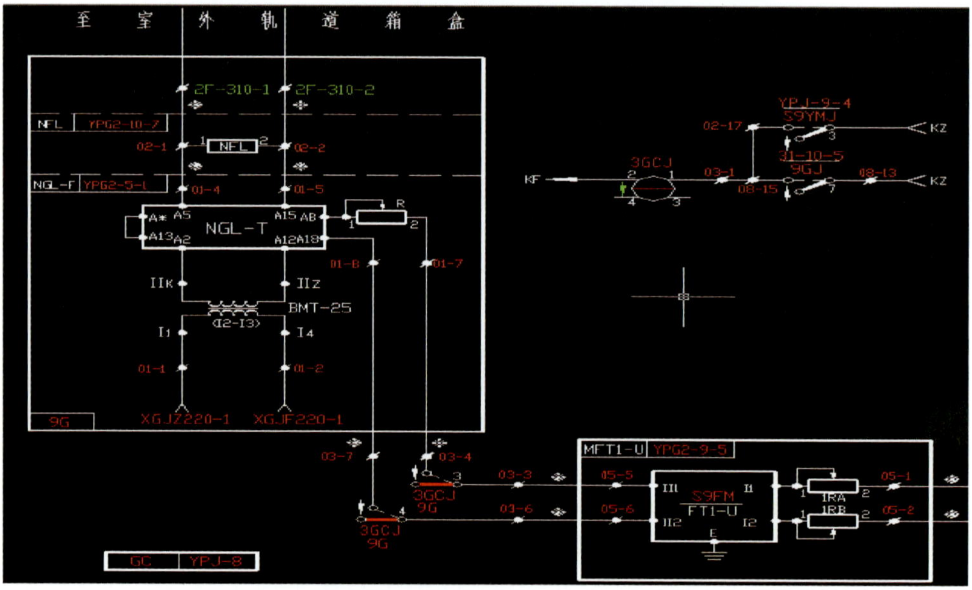

图 3-48　北海站 9 道上行发车电路（2 600 Hz）

由检测数据回放可见，2 600 Hz干扰信号持续存在时间约为2～3 s，此时轨道继电器电压由19.1 V→10.89 V→7.0 V历时约2 s（7.4 V为可靠落下电压，19.3 V为路局要求上限），如图3-49所示，综合检测列车刚压入9G，未完全压死，机车感应天线接收到2 600 Hz干扰信号。

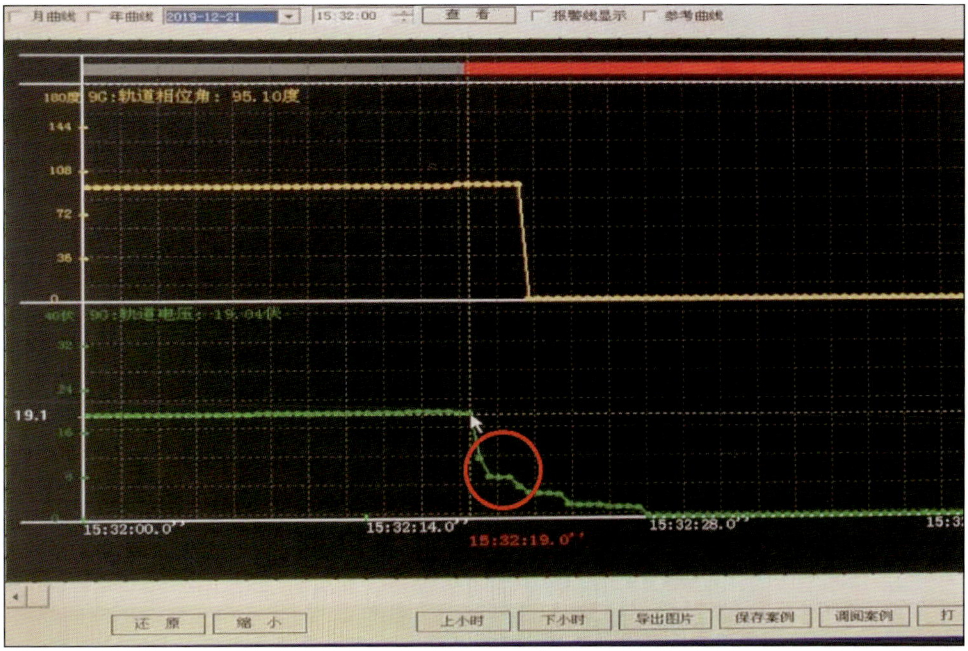

图 3-49 北海站 9 道轨道继电器监测（2019/12/21）

调阅后续1月3日综合检测列车通过时9G轨道继电器监测截图，与图3-49电压曲线走势几乎相同，现场人员检查钢轨未发现明显锈蚀，分析干扰原因是9G轨道电路分路残压值偏高造成2 600 Hz信号串入。

1月11日对9G轨道电路重新标调，轨道继电器电压调整至18 V，S9发车进路2 600 Hz出口电流由2.3 A调整至1.8 A，入口电流为0.963 A，测试X9接车进路2 300 Hz出口电流为2.6 A，入口电流0.819 A，未做调整。1月13日和2月16日综合检测列车检测时，干扰幅值有所下降，但仍高于200 mV，建议排查干扰信号引入路径（轨面、道砟或其他异物）。

3.4.1.3 邻区段干扰案例分析

1. 案例1

（1）问题描述

2019年9月25日，徐盐客专上行正向，检测发现1776BG存在2 600 Hz邻区段干扰，干扰幅值为250 mV，如图3-50所示。

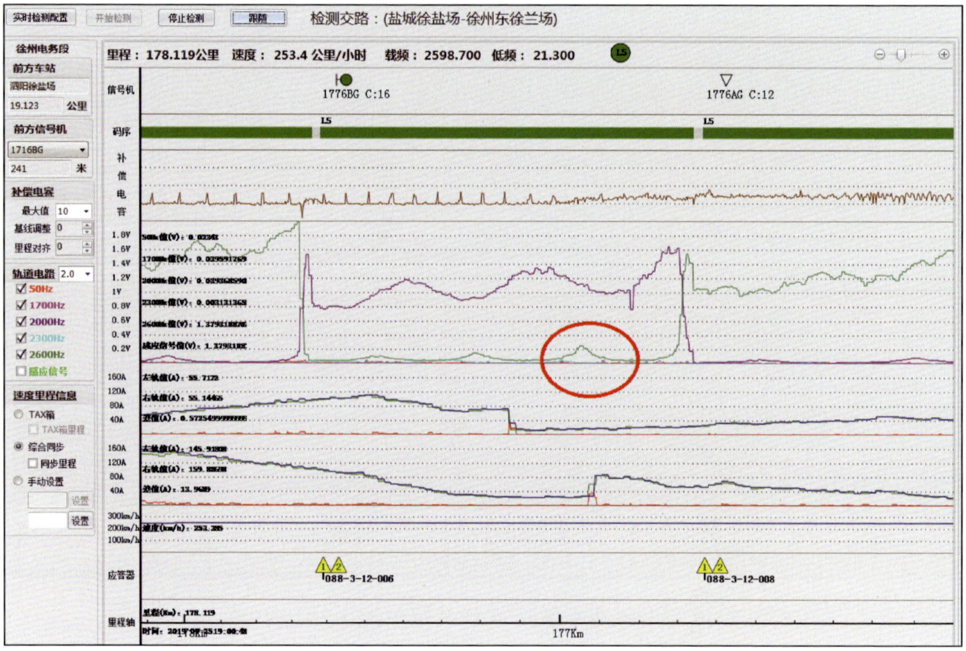

图3-50 1776BG邻区段干扰问题（2019/9/25）

（2）问题分析

有砟线路道床电阻偏低，道砟漏泄明显，且调谐区设备零阻抗偏高，导致干扰信号通过串入本区段，超出标准要求。建议对设备性能进行测试，同时通过捋直并缩短钢轨连接线的方式降低零阻抗，达到减少干扰信号串入本区段的目的。

（3）问题整改

现场人员对发送端调谐区钢轨连接线进行捋直平顺，降低零阻抗，重新调整邻区段发送和接收端等级，问题整改后如图3-51所示。

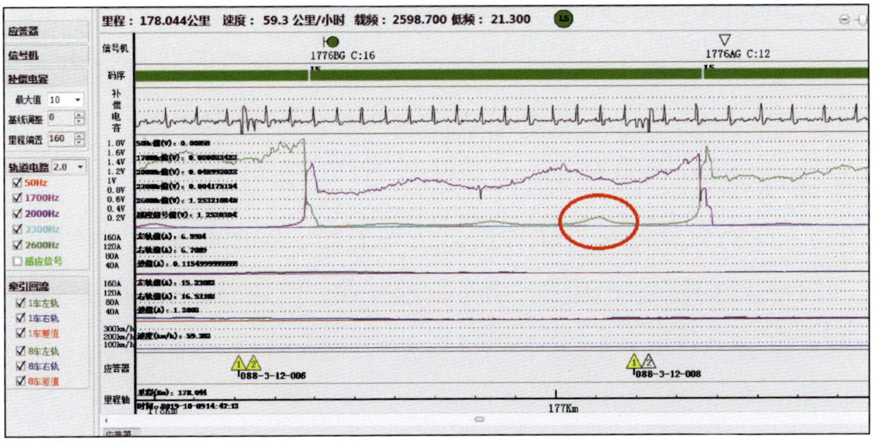

图 3-51　1776BG 邻区段干扰问题整改对比（2019/10/9）

2. 案例2

（1）问题描述

2019年8月21日，京港高铁上行反向，检测发现凤台南站2DG存在2 600 Hz邻区段干扰，干扰幅值为264 mV，且干扰范围较大，如图3-52所示。

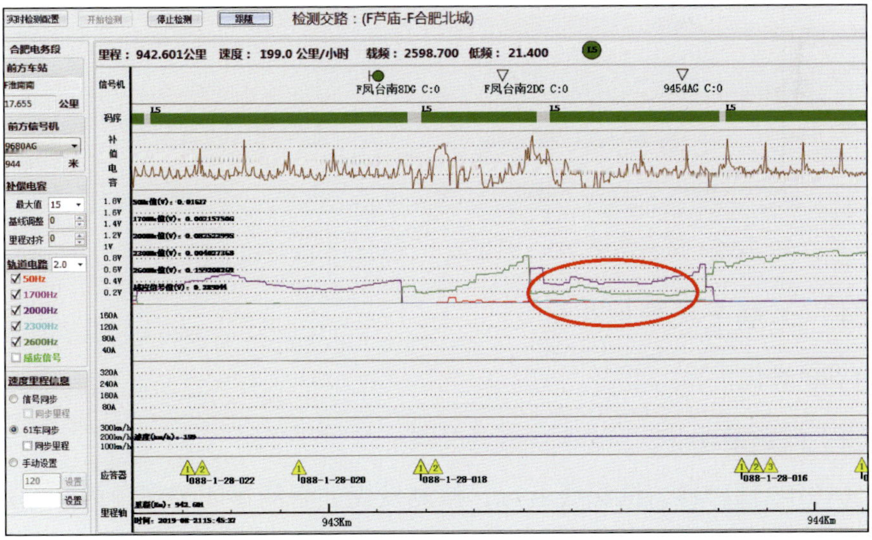

图 3-52　凤台南站 2DG 邻区段干扰问题（2019/8/21）

（2）问题分析

机械绝缘节处轨底吸附施工铁屑，绝缘性能下降，导致本区段串入大范围干扰信号，超出标准要求。建议施工结束后及时清理检查现场，同时加强绝缘测试，防止类似现象造成行车码序识别错误。

（3）问题整改

现场人员将机械绝缘处轨底铁屑清理干净，按照标调表对该区段重新调整，并对绝缘阻抗进行测试，满足标准要求，问题整改后如图3-53所示。

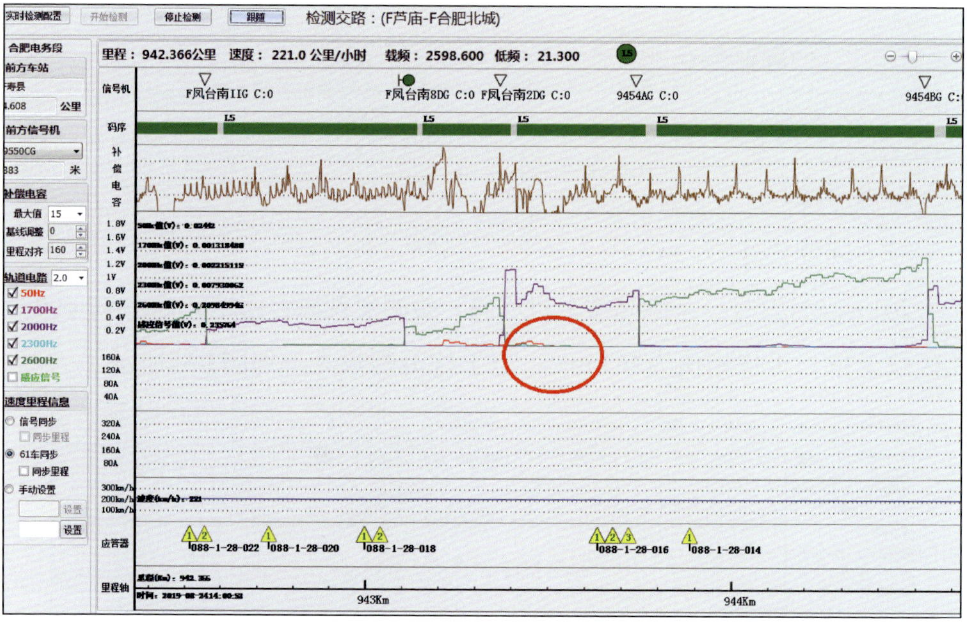

图 3-53　凤台南站 2DG 邻区段干扰问题整改对比（2019/8/24）

3.4.1.4　工频干扰案例分析

1. 案例1

（1）问题描述

2019年2月17日，杭深线上行，检测发现上海局集团公司管内2803BG存在50 Hz工频干扰信号，幅值约为860 mV，如图3-54所示。

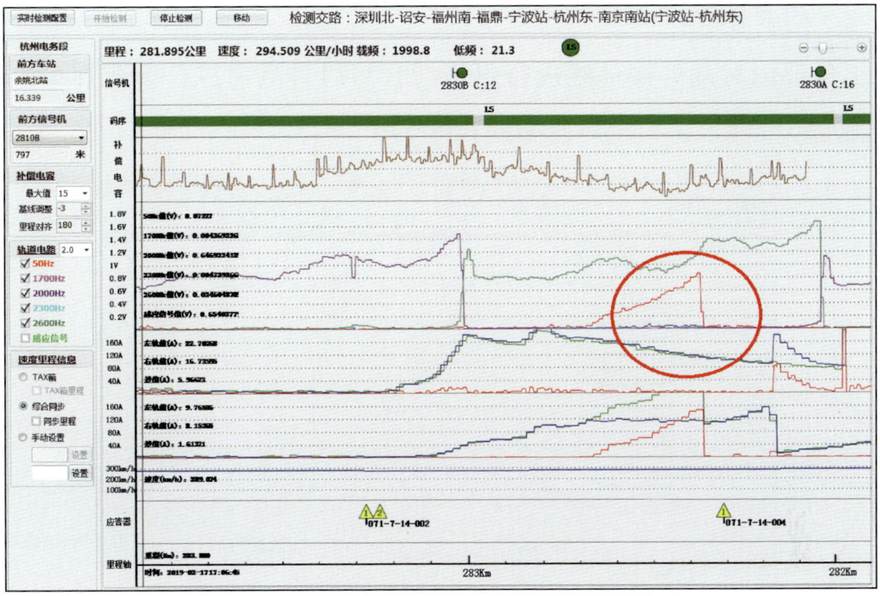

图 3-54 2803BG 工频干扰问题（2019/2/17）

根据现场人员反馈，现场技术人员对室外设备及连接线进行检查，发现K282+340处轨道板接地线距离钢轨较近发生烧毁，单轨条接地导致牵引回流不平衡引发工频干扰。怀疑近期雨雪天气，该处轨道板接地线受到车体附着冰打击，靠近钢轨引发该问题，现场情况如图3-55所示。现场人员联系工务部门对此处接地线进行更换，同时检查紧固该位置附近空扼流变压器连接线。

图 3-55 2803BG 轨道板接地线异常情况

（2）问题整改

工务部门对此处接地线进行更换后，3月1日高速综合检测列车检测该区段满足标准要求，检测对比如图3-56所示。

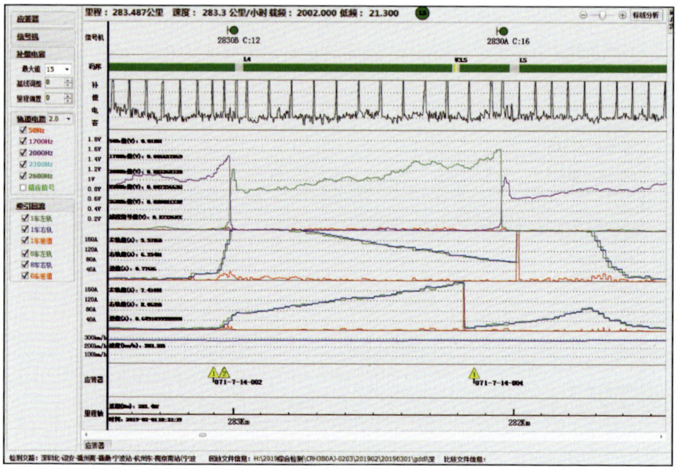

图 3-56　2803BG 工频干扰问题整改对比（2019/3/1）

2. 案例2

（1）问题描述

2021年2月27日，济青高铁上行，检测发现济南局集团公司青岛电务段管内邹平站1-7DG存在50 Hz工频干扰信号，干扰幅值为430 mV，如图3-57所示。

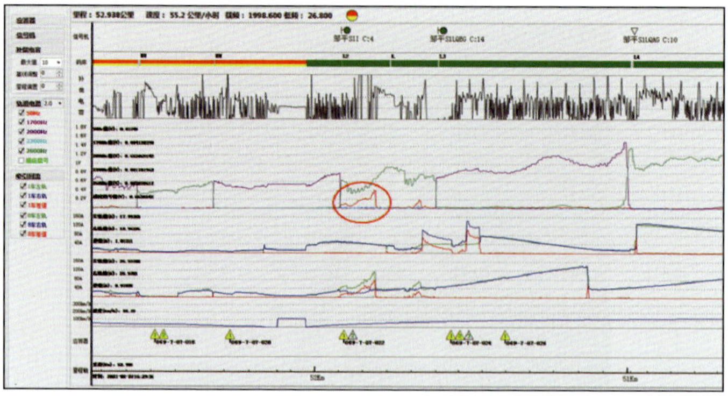

图 3-57　邹平站 1-7DG 工频干扰问题（2021/2/27）

（2）问题分析

邹平站下行咽喉区检测已发现多次工频干扰情况，1-7DG长度为398 m，布置电容4处，检测数据显示1号和7号道岔均多次出现干扰信号，现场调查靠近SⅡ信号机内方35 m处有一座长度为29 m的桥梁，其余部分为路基结构，该站牵引回流横向连接线及吸上线位于股道内分割绝缘处（与设计位置一致），信号平面布置如图3-58所示。

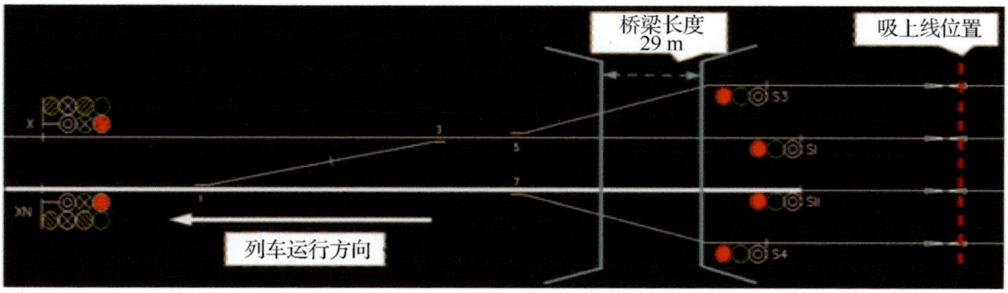

图 3-58　邹平站下行咽喉区信号平面布置

现场人员对下行咽喉1-7DG和3-5DG范围内信号设备及连接线进行多次检查核对，情况如下。

①1-7DG和3-5DG相关设备连接线未发现松脱，检查跳线安装位置和数量未发现异常，电气特性数值正常，相关扼流变压器未发现异常。逐段测试轨面移频信号，均未发现50 Hz工频信号。

②测试区段内以及1号/3号道岔渡线、3G1、1G1绝缘性能，轨端阻值均大于20 Ω、绝缘夹板与钢轨阻值均大于100 Ω，发送和接收端设备连接线平衡电流符合要求，塞钉阻抗不大于1 mΩ，扼流变压器内部配线及适配器型号正确，端子连接牢固。

③1号、3号、5号、7号道岔跳线及分支并联线未缺失，安装固定良好，预防性更换1号、3号道岔岔后跳线。

④加强日常检查，多道岔跳线塞钉多次除锈处理并锤实紧固，后续更换1-7DG内扼流变压器内部适配器，钢轨单边对地绝缘良好，并增加1根道

岔跳线。联合工务和供电部门进行绝缘特性检查和图物一致性比对，未发现异常。

该站正线部分为整体道床结构，道床内部无信号及电力电缆横穿通道，且电务专业各设备电气特性良好，1-7DG和3-5DG一部分位于桥梁，初步判断是列车经过框架整体桥梁时，牵引回流通过接触网金属柱等路径与桥梁内部钢筋箱笼形成电磁感应，在轨面形成较强干扰电流。

（3）问题整改

路局已邀请设计单位沟通再次现场勘查，并联合工务和供电部门联合检查，初步方案是更换岔区各跳线及塞钉，并且在路基和桥梁结合处增加一处回流通道。该问题解决情况有待施工结束后检测验证。

3.4.1.5　轨道电路感应电压波动异常

（1）问题描述

郑太客专下行正向，高平东X1LQBG和下行反向高平东X1LQAG，该两处轨道区段电压曲线波动异常明显，如图3-59所示。

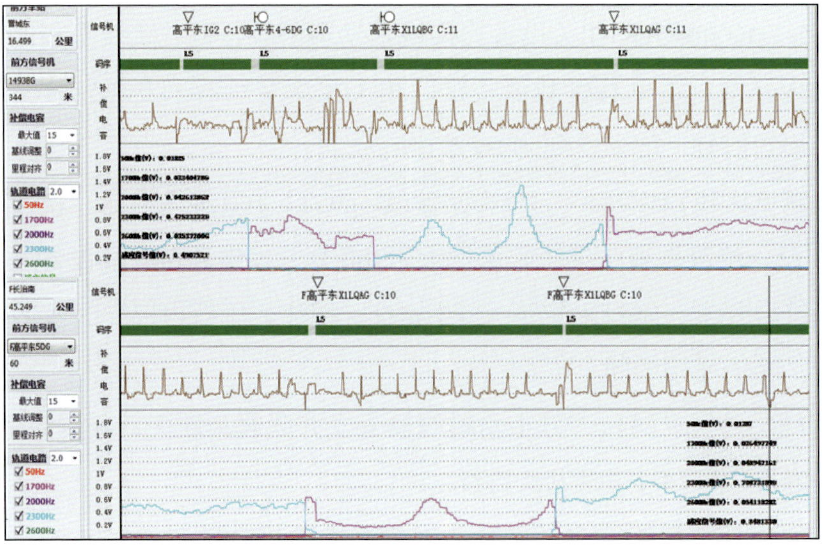

图 3-59　高平东 X1LQBG 和 X1LQAG 感应电压波动异常

（2）问题分析

现场核对标调表无异常，检查发现X1LQBG和X1LQAG之间的调谐区空芯线圈接线错误，导致调谐区钢轨短路，该设备内部电感线圈失去调谐作用，导致轨道电路感应电压曲线明显波动。

（3）问题整改

现场人员重新整理连接X1LQBG和X1LQAG之间调谐区空芯线圈连接线，问题整改后如图3-60所示。

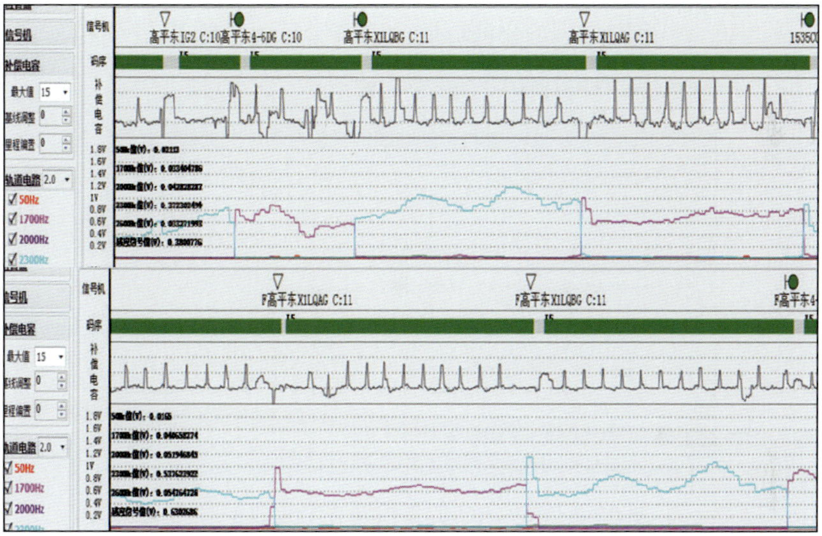

图 3-60　高平东 X1LQBG 和 X1LQAG 感应电压波动异常整改对比

3.4.2　补偿电容典型问题及分析

补偿电容故障会使轨道电路的传输特性恶化，调整状态下补偿电容故障会造成红光带，影响运输效率甚至危及行车安全。在信号设备状态检测过程中，发现轨道电路中电容失效后，轨面电压衰耗较快，尤其是靠近发送端电容的失效造成感应电压曲线明显波动，根据现场反馈情况，常见补偿电容问题为断线和容值劣化，检测案例如图3-61～图3-63所示。

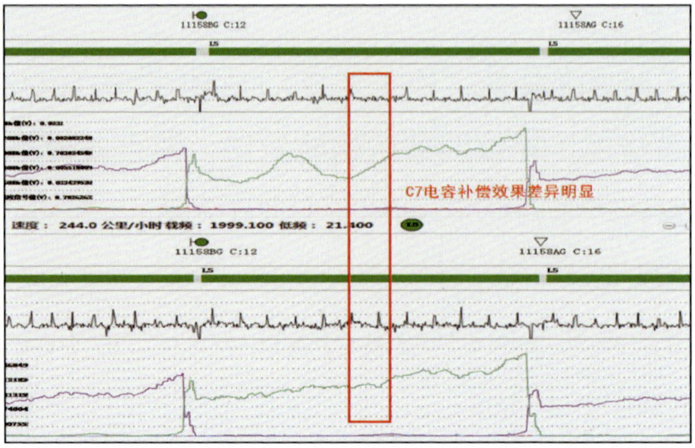

图 3-61　11158BG C7 相隔 2 个月数据对比

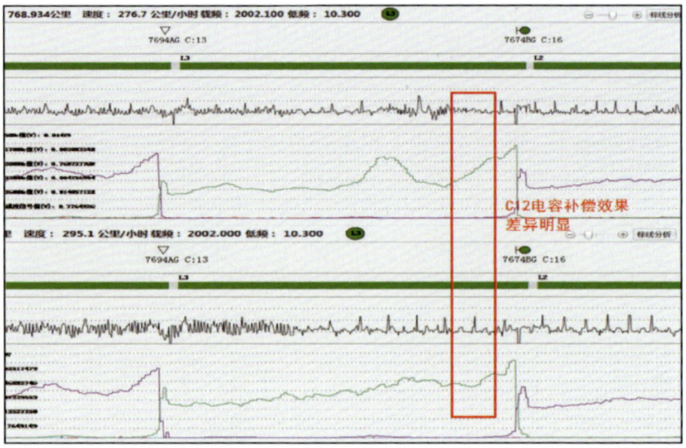

图 3-62　7694AG C12 相隔 2 个月数据对比

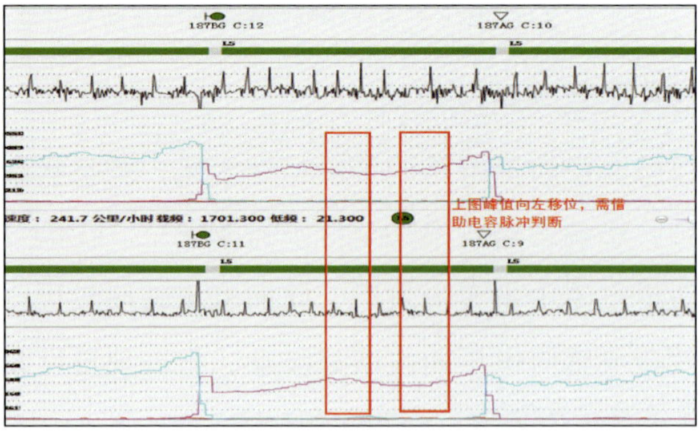

图 3-63　187BG C9 相隔 6 个月数据对比

3.4.3 应答器典型问题及分析

3.4.3.1 报文问题案例分析

1. 案例1

（1）问题描述

京港高速上行反向，检测发现应答器发TCC默认报文（车载ATP已隔离），经回放数据，088-1-07-020-3有源应答器发默认报文，报文计数器为253，如图3-64所示。

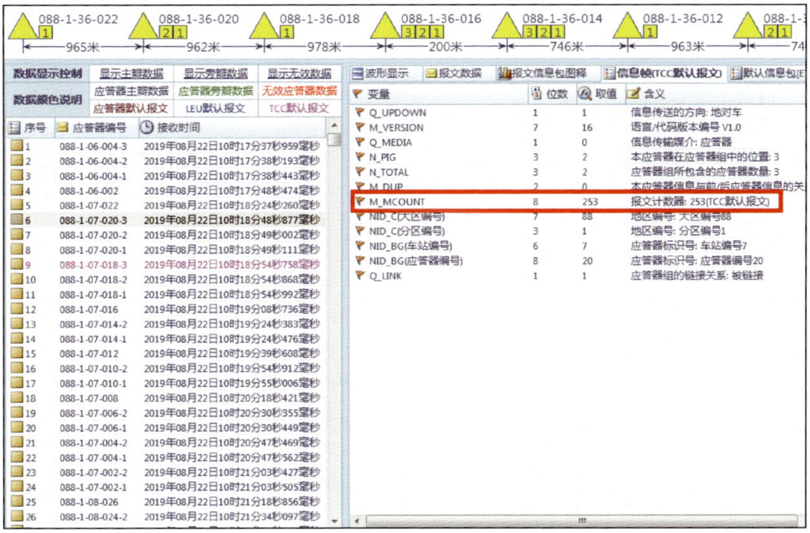

图3-64 应答器默认报文253案例

（2）问题分析

现场维护调阅列控维护终端，发现列控TCC通信中断，同时结合TCC默认报文的报文计数器为253的原则，判断为列控TCC工作异常，检查发现局界处安全数据网未连通导致，问题整改后如图3-65所示。

2. 案例2

（1）问题描述

2020年4月14日CRH380AJ-2808高速综合检测列车执行DJ1858次兰渝线

下行检测任务（01端在前），于当日10点26分运行至阆中站K621430处（应答器组：055-3-17-074，成都局达州电务段管内）车载ATP（通号CTCS3-300T）输出紧急制动，之后司机重启ATP，10点38分开车，经过下一组有源应答器后转为完全监控模式，恢复正常。经回放数据，055-3-17-074-2有源应答器发默认报文，计数器为252。应答器检测子系统截图和ATP监测子系统截图分别如图3-66和图3-67所示。

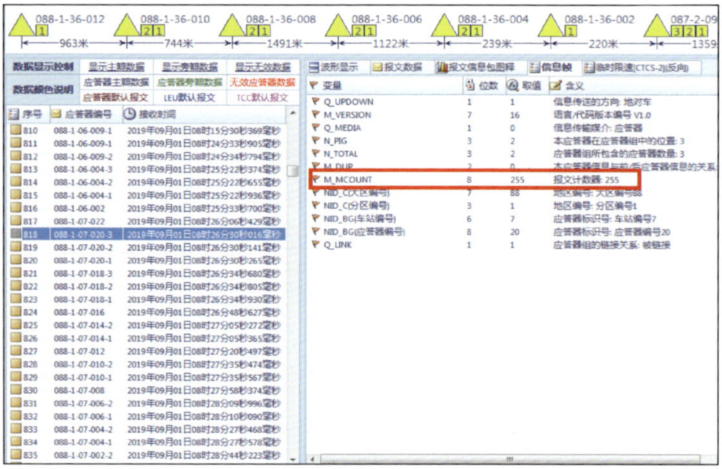

图 3-65　应答器默认报文 253 案例整改对比

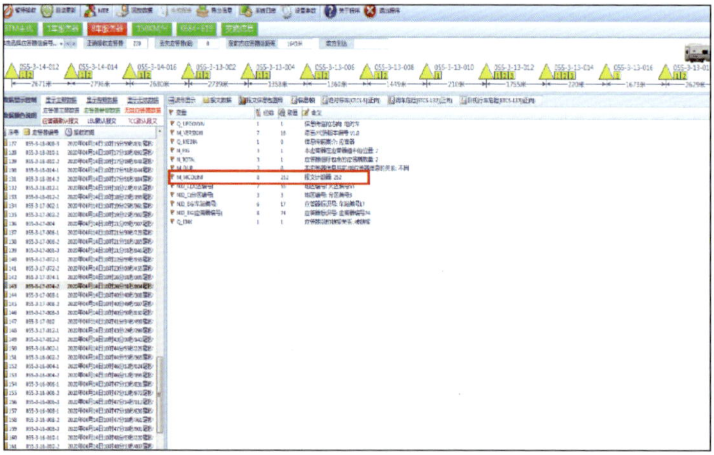

图 3-66　应答器检测子系统（2020/4/14）

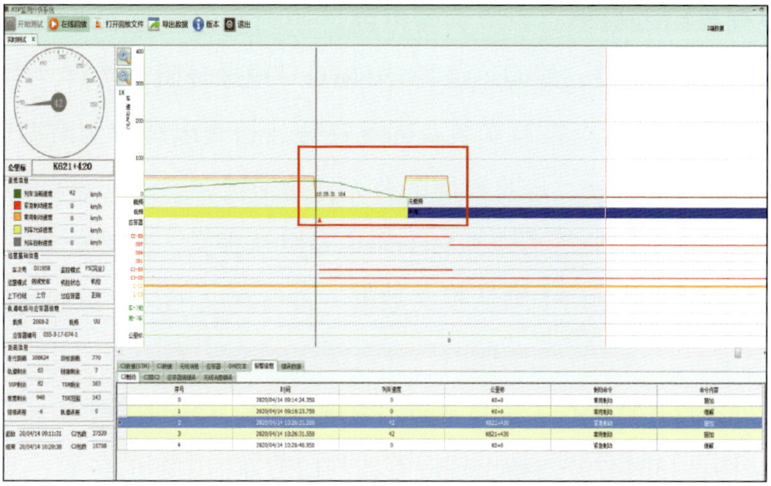

图 3-67　ATP 监测子系统（2020/4/14）

（2）故障处理及分析

现场维护人员反馈当天DJ1858次在阆中站下行发车进路为X4→SF。调阅列控维护终端，发现列控LEU4与有源应答器通信故障，通信视图如图3-68所示。同时结合有源应答器默认报文的计数器设定为252的原则，判断为控制Bx-4室外有源应答器的LEU4故障或者LEU4至有源应答器电缆中断等情况，随后对LEU4进行重启后通信恢复正常。

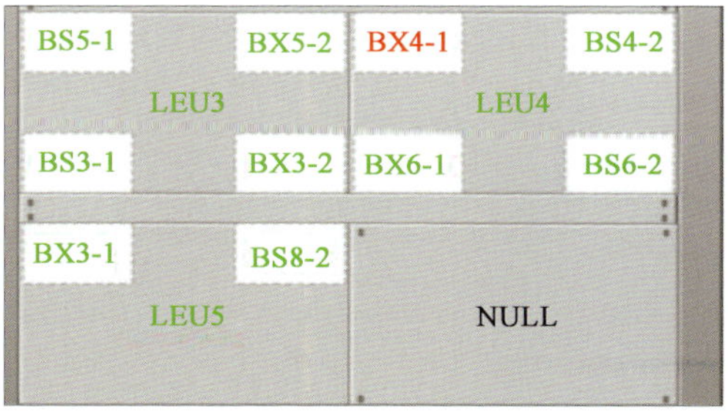

图 3-68　LEU 与有源应答器通信中断视图（2020/4/14）

当日夜间天窗点对LEU通信通道进行检查，情况如下：

①检查LEU4输出电缆头至切换继电器侧面端子连接的插头以及至列控中心连接网线紧固，无松动情况，LEU地线连接正常，分线盘防雷单元正常。

②对列控LEU机柜有源应答器电缆连接至室外应答器电缆进行测试，电缆对地绝缘500 MΩ，线间绝缘为550 MΩ，电缆环阻17.7 Ω，均正常。

③室外检查Bx-4应答器安装及固定良好，检查电缆盒至有源应答器间电缆连接无破皮无损伤，应答器周围有无异物干扰。

④测试室外有源应答器数据MD4码以及默认报文，实时报文正常。

⑤更换LEU4烧制LEU默认报文数据后进行报文测试，试验良好后交付使用。

通过列控维护终端报警信息分析，发现LEU1、LEU4控制的Bs-3、Bsn-1、Bx4-1在4月9日23时42分25秒出现应答器与LEU通信中断的告警，鉴于LEU1在今年1月存在宕机现象，初步分析阆中站列控中心LEU4故障宕机，造成其端口未输出列控中心实时报文是造成DJ1858停车的直接原因，已督促厂家对器材做进一步检测分析。

3.4.3.2 电气参数问题案例分析

2017年初，胶济客专DJ7685、D6001和D6003三趟列车均反映未收到038-1-07-009-1有源应答器报文，现场人员对该应答器进行外观检查，未发现异常，对其进行更换，该处应答器更换前数据（2016/10/22）与更换后数据（2017/2/22）进行分析，见表3-6、图3-69和图3-70。

表 3-6 应答器性能分析对比

时　间	2016年10月22日	2017年2月22日
总比特数	6 304	7 480
报文总数	6.2	7.3
平均误码 /%	7.03	0.64
正确比特起始位置	579	74
连续正确比特数	2 717	7 377
连续正确报文长度	2.7	7.2

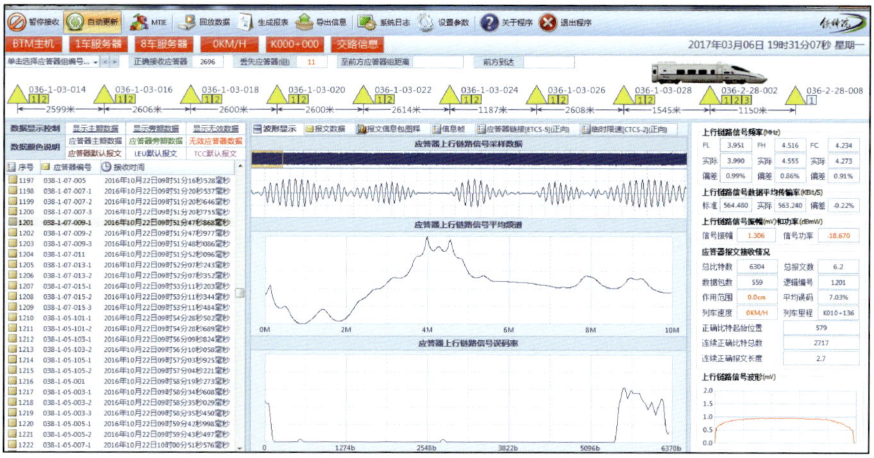

图 3-69　038-1-07-009-1 有源应答器数据（2016/10/22）

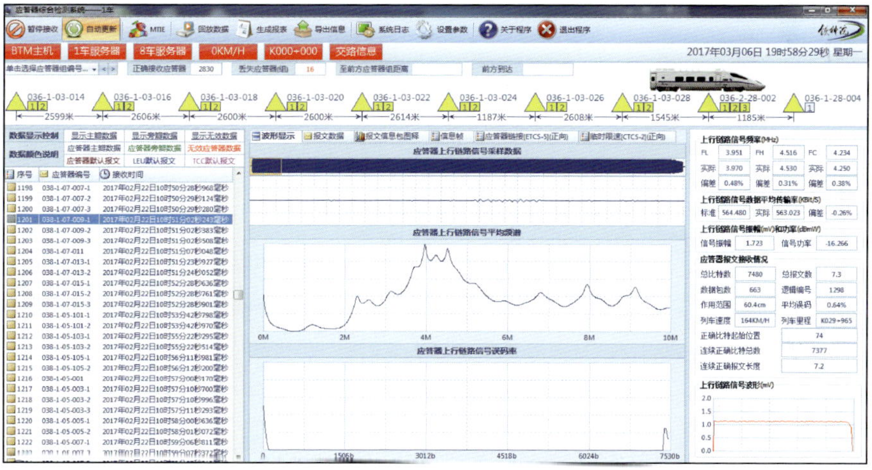

图 3-70　038-1-07-009-1 有源应答器数据（2017/2/22）

分析结果显示，2016年10月22日与2017年2月22日相比，038-1-07-009-1有源应答器性能指标差异较大。

3.4.4　ATP监测典型问题及分析

3.4.4.1　C3超时问题案例分析

（1）问题描述

2020年10月21日CRH2C-2150高速综合检测列车01端（车载ATP型号

CTCS3-300T）在前，执行DJ7次合福高铁下行线闽清北至福州检测任务，10:23运行至K1774+970处（南昌局集团公司管内），ATP监测报C3降C2并触发常用制动，缓解后未停车，如图3-71所示，同时报“无线消息错误”，司机与信息台确认无线超时。

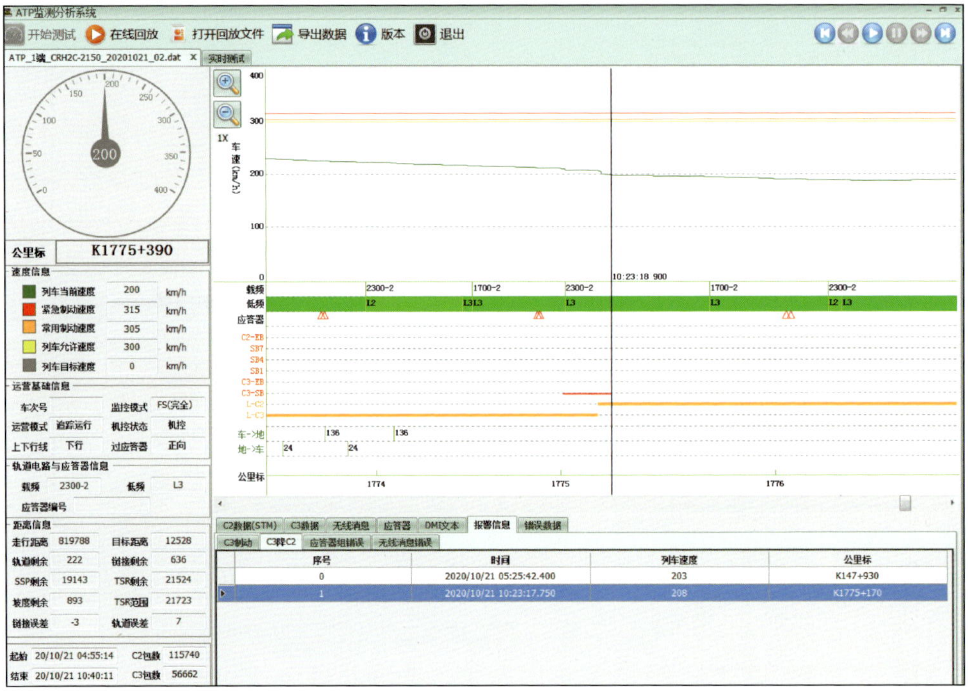

图 3-71　合福高铁下行 K1775 处 C3 降级（2020/10/21）

（2）问题分析

南昌电务段查询DMS系统，C3降级时间为10月21日10时23分，公里标K1774+120，服务小区MQB-FZ04；车载终端SIM卡号14984174276，归属上海局。技术人员对数据进行调取分析。

①PRI口数据分析：查看Pri口信令数据，MT2（14984174276）信令流程异常，车地交互正常，无156号包（拆链请求）和39号包（确认拆链），拆链位置在非交权区。

②电台呼叫记录分析：查看电台呼叫记录，MT2（14984174276）在10:22:56异常挂断，之后该车以C2模式运行到达福州站。

③A口信令数据分析：查看A口信令数据，MT2（14984174276）在10:22:56发生了网络去附着（IMSI DETACH INDICATION）。

④福州电务段RBC数据分析：根据《CTCS-3级列控系统无线报文定义及运用原则》规范规定，列车发送的两个位置报告间的时间间隔参数为6 s。10:22:51 RBC8收到列车发来的位置信息并正常回复后，直至 57 s后（10:23:48）RBC8才再次收到列车ATP发来的位置报告，并按要求及时向车载设备发送信息包。在此次过程中，RBC设备工作正常。

⑤根据厂家三接口数据（PRI、A和Abis）接口数据分析可知，拆链前，上下行链路电平值正常，上下行链路质量等级正常，邻区电平值正常，可以排除无线干扰导致；由PRI接口监测数据可知，车地间数据传输正常，拆链异常，10:22:56.941607，MSC→RBC发送DISCONNECTDR拆链，原因值为Normal，unspecified。Abis接口信令显示，10:22:39.509674，成功从小区MQB-FZ03切换至MQB-FZ04。10:22:56.514315，BTS→BSC发送IMSI DETACH INDICATION，为IMSI分离指示，表明脱网。判断本次无线超时的原因为电台工作异常或者SIM卡接触不良。

（3）结论

2020年10月21日10时22分 DJ7次在合福高铁K1774+046 C3降级。查看Pri口信令数据，电台呼叫记录，Abis口测量报告，A口信令数据。判断此次C3降级的原因为MT2（14984174276）工作异常。11月6日，CRH2C-2150综合检测列车（01端在前）检测未发现异常。

3.4.4.2 紧急制动问题案例分析

（1）问题描述

2019年4月16日CRH2C-2150高速综合检测列车01端在前，执行DJ5次合蚌高铁蚌埠南至合肥检测任务，车载ATP的B系（通号300T）开机工作，15时57分在合肥北城-合肥站间K965+372处ATP设备DMI报“主机与DMI通信中断”导致制动停车，司机换A系重启恢复正常。

（2）故障处理及分析

当晚技术人员入合肥南动车所上车下载ATP数据并分析，B系数据AELog报告VDX2单元报文无效，导致主机黑屏，输出中断，司机制动停车。技术人员分析为ATPCU单元检测到VDX2单元MVB总线上的数据未更新，导致自测失败，输出VDX2 telegram state = 4（invalid），判断VDX2单元工作异常，需更换VDX2单元。随后技术人员对1端VDX2单元进行更换，上电试验正常，下载数据分析正常。现场工区人员上车盯控检测，车辆运行正常。

参考文献

[1] 唐涛. 列车运行控制系统[M]. 北京：中国铁道出版社，2012.

[2] 宁滨，唐涛，李开成，等. 高速列车运行控制系统[M]. 北京：科学出版社，2012.